ANALYSEN UND REFLEXIONEN
Band 13

Volker Schüler

Friedrich Dürrenmatt

Der Richter und sein Henker

Die Physiker

Unterrichtsbezogene Auswertungen

neubearbeitet von Reiner Poppe

Joachim Beyer Verlag — Hollfeld/Ofr.

4. erw. Auflage 1981
ISBN 3–921202–77–9
© 1981 by Joachim Beyer Verlag, 8601 Hollfeld
Alle Rechte vorbehalten
Druck: Lorenz Ellwanger, 8580 Bayreuth, Maxstraße 58/60

Inhaltsübersicht

1. Kommentierte Zeittafel

1921 (5. Januar) in Konolfingen (Bern) als Sohn des Reinhold Dürrenmatt (protestantischer Pfarrer) und der Hulda, geb. Zimmermann, geboren.

„Das Dorf, in welchem ich geboren wurde und aufwuchs, ist nicht schön, ein Konglomerat von städtischen und dörflichen Gebäuden, doch die kleinen Dörfer, die es umgeben und die zur Gemeinde meines Vaters gehörten, waren echtes Emmental . . . Es ist ein Land, in welchem die Milch die Hauptrolle spielt." (Theater-Schriften und Reden, S. 28).

1933 Besuch der Sekundarschule in Großhöchstetten; Umzug der Familie

1935 nach Bern; Besuch des „Freien Gymnasiums", später des „Humboldtianums".

„Ein Dorf ist nicht die Welt. Es mögen sich in ihm Lebensschicksale abspielen, Tragödien und Komödien, das Dorf wird von der Welt bestimmt, in Ruhe gelassen, vergessen oder vernichtet und nicht umgekehrt. Das Dorf ist ein beliebiger Punkt im Weltganzen, nicht mehr, durch nichts bedeutend, zufällig auszuwechseln. Die Welt ist größer als das Dorf." (Theater-Schriften und Reden S. 35.)

1941 Abitur; Studium der Germanistik, Philosophie und Naturwissenschaften in·Zürich und Bern. Intensive Lektüre (Aristophanes, Kierkegaard, Heym, Trakl, Kafka) mit ersten schriftstellerischen Arbeiten; Zeichnen und Malen.

„Diese Prosa ist nicht als ein Versuch zu werten, irgendwelche Geschichten zu erzählen, sondern als ein notwendiger Versuch, mit sich selbst etwas auszufechten, oder, wie ich vielleicht besser, nachträglich sage, einen Kampf zu führen, der nur dann einen Sinn haben kann, wenn man ihn verlor." (Dürrenmatt, Friedrich: „Die Stadt", Nachwort).

1943/ Dürrenmatts Wendung zur Literatur. – Erste Veröffentlichungen

1947 (Erzählungen); Arbeit am Theaterstück „Es steht geschrieben. – Heirat mit Lotti Geißler; Basel.

1948/ Umzug nach Ligerz (Bieler See). – Arbeit an Theater-

5

1952 stücken und Kriminalromanen, Hörspielen. – Umzug nach Neuchâtel.

> „Ich sagte mir: Wenn ich schon Schriftsteller bin, dann ganz, dann muß ich auch alles können; und so schrieb ich Kabarett und dann auch Kriminalromane, bis mit der ‚Ehe des Herrn Mississippi' die Wende kam." (Dürrenmatt, Friedrich: Gespräch mit Heinz Ludwig Arnold, Zürich 1976, S. 19).

1953/ Arbeit an Hörspielen; Theaterkritiken; Filmdrehbuch.
1958 Dürrenmatt avanciert, öffentlich anerkannt, zum unbequemen Theaterschriftsteller. – Ehrungen und Preise (Literaturpreis der ‚Tribune de Lausanne'; ‚Preis der Kritiker' von New York; Theaterpreis der Stadt Bern).

1959 Dürrenmatt erhält den ‚Schiller-Preis' der Stadt Mannheim; in einem Vortrag grenzt er seine Dramaturgie gegen die B. Brechts ab.

> „In Schiller ist die große Nüchternheit spürbar, die wir heute dem Staate gegenüber nötig haben, dessen Neigung, total zu werden, immanent geworden ist: Der Mensch ist nur zum Teil ein politisches Wesen, sein Schicksal wird sich nicht durch seine Politik erfüllen, sondern durch das, was jenseits der Politik liegt, was nach der Politik kommt. Hier wird er leben oder scheitern. Der Schriftsteller kann sich nicht der Politik verschreiben. Er gehört dem ganzen Menschen. So verwandeln sich denn Schiller und Brecht aus unseren Richtern, die uns verurteilen, in unser Gewissen, das uns nie in Ruhe läßt." (Dürrenmatt, Friedrich: Friedrich Schiller, Eine Rede, Zürich 1960, Seite 46 f.)

1960/ Neufassungen von bereits bearbeiteten Themen; Be-
1962 ginn der Arbeit an **„Die Physiker",** die zu einem der größten deutschsprachigen Bühnenerfolge bis in unsere Tage hinein werden.

1963 Arbeit für das Kabarett. – Herausforderung an sein Heimatland mit Zeichnungen zum Band ‚Die Heimat im Plakat'.

1964 Besuch der Sowjetunion nach offizieller Einladung der schweizerisch-sowjetischen Gesellschaft.

1966/ Beginn einer verschärften Politisierung in der Literatur.
1967 – Emil Staiger wirft der modernen Literatur das Fehlen einer sittlichen Gesinnung vor. – Dürrenmatt antwortet unter dem Titel ‚Varlin schweigt'.

6

1968/ Vortrag Dürrenmatts in Mainz über ‚Gerechtigkeit und
1969 Recht'. – Theaterarbeit in Basel mit Düggelin im Direktorium des neugegründeten Basler Theaters. – Bearbeitung und Inszenierung von Shakespeare's ‚König Johann' und Strindbergs ‚Totentanz'. – Schwere Erkrankung; Differenzen im Direktorium; Dürrenmatt gibt sein ‚Basler Experiment' auf. – ‚Großer Literaturpreis der Stadt Bern' (15 000 Franken). Dürrenmatt gibt den Preis weiter an den jungen Berner Schriftsteller S. Golowin, an den Chefredakteur von ‚Neutralität', P. I. Vogel, und an den Abgeordneten im Berner Kantonsparlament, A. Villard. Öffentliche Entrüstung. – Zum Rücktritt von seinem Basler Theaterposten schreibt Dürrenmatt im ‚Sonntags-Journal':

> „Ein Theaterdirektor hat nicht in erster Linie ein Künstler zu sein, sondern ein Theaterleiter. Düggelin leitete das Theater nicht, er verleitete nur Menschen, an seinem nicht geleiteten Theater mitzumachen. Die Öffentlichkeit hält das Theater für Klatsch und die Theaterarbeit für müßigen Zeitvertreib. In Wirklichkeit setzt das Theater strenge Arbeit voraus und stellt eine der Formen des Denkens dar. Dazu braucht es Menschen, die weiter denken. Nur so hat es in unserer Zeit noch seine Berechtigung als kritisches Theater . . . Ich setzte mich für dieses Theater mit allen meinen Kräften ein und muß gestehen, daß ich an diesem Theater der Narren der größte Narr war." (Zitiert nach „Die Welt", 21. 10. 69.)

Ehrendoktorwürde der ‚Temple University' von Philadelphia.
1970/ Verarbeitung von US-Reiseeindrücken. – Beraterfunktion am Zürcher Schauspielhaus unter Harry Buckwitz.
1973 Verärgerung auch in Zürich, als sich Buckwitz am 8. März 1973 von einer Inszenierung Dürrenmatts (‚Der Mitmacher') öffentlich distanziert. – Dazu schreibt Dürrenmatt:

> „. . . Ich habe eineinhalb Jahre an dem Stück gearbeitet. Ich halte den ‚Mitmacher' für das konsequenteste meiner Werke. Vielleicht sogar für das beste . . . Es handelt sich um eine Art Faust. Mein Held hat studiert, gelernt und begriffen und kann

7

sein Wissen nicht ausnutzen, um Leben zu schaffen oder auch nur es zu verlängern, sondern es kann nur spurlos vernichten. Ein Faust – in höchst unromantischer Ironie." (Zitiert nach ‚Die Welt', 19. 3. 1973.)

1974/ Dürrenmatt wird Ehrenmitglied (‚Honorary Fellow') der
1975 ‚Ben-Gurion-Universität von Negev'. – Rückzug an den Schreibtisch; Arbeit an einem Israel-Essay, 1976 veröffentlicht. Darin schreibt er u. a.:

„Ideologien sind sprachliche Systeme, die sich nicht in der Grammatik, sondern in jenem unterscheiden, was den Inhalt ihrer Begriffe ausmacht. Nur aus dem Glauben heraus, die ‚richtige' Sprache zu reden, die identisch mit dem Gemeinten ist, sind die ideologischen Kämpfe zu verstehen, die sich zwischen den verschiedenen Richtungen einer Ideologie abspielen . . .
Die Juden sind Gottes Volk auf Grund des Bundes, den Gott mit ihnen schloß. Dieser Bund gilt für das Volk und damit für jeden einzelnen. Es ist ein Kollektivvertrag, der die beiden Partner setzt: Gott und das Volk. Demgegenüber meint der Begriff ‚Volk' für das primitive vagabundierende darwinistische Denken eines Nazis etwas anderes. Das ‚deutsche Volk' ist nicht infolge eines Bundes mit Gott auserwählt, sondern infolge seiner Rasse, und das ‚jüdische Volk' infolge seiner Rasse verflucht, indessen der Kommunist unter ‚Volk' wieder etwas anderes begreift: den Träger der Revolution." (Zitiert nach ‚Die Zeit', 12. 12. 1975.)

1977 Ehrungen und Auszeichnungen:
Ehrendoktorwürde der Hebräischen Universität von Jerusalem; Ehrendoktorwürde der Universität Nizza; Verleihung der ‚Buber-Rosenzweig-Medaille'. – Uraufführung des Stückes ‚Die Frist' in Zürich und Basel (!) unter K. Dejmek und H. Neuenfels. – Mäßiger Erfolg. Stellungnahmen zu gesellschaftspolitischen Fragen der Zeit (‚Radikalenerlaß', ‚Schleyer-Affaire'). Zur Position des Schriftstellers äußert Dürrenmatt gegenüber L. Arnold:
„. . . (der Schriftsteller hat) . . . unabhängig von der politischen Situation Marksteine zu setzen mit dem Hin-

8

weis: es ginge auch so, auch so wäre es möglich, es wäre auch eine andere Welt denkbar, eine andere Vernunft. Das muß der Schriftsteller. Nicht Tagespolitik treiben, sondern die Welt immer wieder neu durchdenken." (Dürrenmatt, Friedrich: Gespräch mit Heinz Ludwig Arnold, Zürich 1976, Seite 63)

1978 Fortsetzung der literarischen und zeichnerischen Tätigkeiten unter schwerer gesundheitlicher Belastung.

Eine Zeitlang war das Schlagwort vom ‚unbequemen Dürrenmatt' in vieler Munde geläufig, ja, es etikettierte als Markenzeichen einen exponierten Künstler, der die Öffentlichkeit angestoßen, aufgestört, beunruhigt, auch selbst ausgesetzt und das moderne Theater – praktisch wie theoretisch – verwirklicht hat wie kein anderer Bühnenschriftsteller unseres Jahrhunderts – ausgenommen Bert Brecht.

Friedrich Dürrenmatt ist (mit Max Frisch) der populärste Autor deutscher Sprache in der Schweiz (dann erst wird man der Bichsel, Brechbühl, Diggelmann, Eggimann, Federspiel, Marti, Muschg, Nizon, Widmer u. a. inne). – Dürrenmatt ist so etwas wie ein ‚enfant terrible' der Schweizer Literatur, ein gehätscheltes und geschmähtes Kind. Auf der einen Seite: „Hosianna!" – Auf der anderen: „Kreuziget ihn!" Wer unbequem ist, hat selten nur weiche Lager.

Ein umfangreiches Werk ist mit Erstaunen und Bewunderung zur Kenntnis zu nehmen: widersprüchlich, skurril, provokant, vereinnahmend, abstoßend; der Autor – ein Vagant und Experimentator, ein Traditionalist und kühner Neuerer, ein Seher und Dulder, einer, der das ‚Außen' ergreift und sein ‚Innen' enthüllt. Hinter allem: Liebe und Hoffnung für die Menschheit.

Zur Zeit herrscht Stille um Werk und Autor, doch sie ist trügerisch. Man ist längst noch nicht fertig mit ihnen!

Dürrenmatt ist immer ein Theater-Narr gewesen (trotz seiner Ausstiege in die Prosa), ein vom Schöpferwillen Besessener. Zunächst schwankte er zwischen der Malerei und der Literatur, „... und dann kam wie eine Explosion die Entdeckung des Dramas; eine Form als eine Verbindung zwischen Malerei und Schreiben ..." (Dürrenmatt, Friedrich: Gespräch mit L. Arnold, S. 17).

Mühsame Anfänge eines von der Notwendigkeit des Schreibens Ergriffenen: Zugeständnisse an den Publikumsge-

9

schmack (Brotarbeiten!), ehe das Eigentliche wuchs, genauer – das eigentlich Dürrenmattsche, die Komödie, zu der er sagt: „ (. . .) die Aufgabe der Kunst, soweit sie überhaupt eine Aufgabe haben kann, und somit die Aufgabe der heutigen Dramatik ist, Gestalt, Konkretes zu schaffen. Dies vermag vor allem die Komödie . . .'' (vgl. Kapitel 5.1).

Dürrenmatt hat totales Theater gemacht, die Bühnen im Sturm erobert. Kabaretteinlagen, Klamotte, expressionistische Ausbrüche („Ich bin ein Expressionist''), surrealistische Effekte – alles wird aufgeboten, aber nie werden die stilistischen Mittel der Bühnensprache um ihrer selbst willen bemüht, sondern schöpferisch dienstbar gemacht für die moralische Botschaft, die es mitzuteilen gilt.

Seit 1952 ringt Dürrenmatt um eine Standortklärung seiner Komödie; das Bemühen ist nicht abgeschlossen, nicht abgerundet. Das Unfertige, so scheint es einmal mehr, ist immer Teil des Vollkommenen . . . Dürrenmatt begründet die ‚Komödie' als die unserer Zeit einzig angemessene dramatische Ausdrucksform mit drei zentralen Einsichten, die seine Dramaturgie von der Dramentradition des 18. und 19. Jahrhunderts ebenso absetzen wie von Bertolt Brecht.

– Unser Jahrhundert enthebt den einzelnen Menschen der Schuld und der Verantwortlichkeit; wir sind alle nur Mitgerissene.

– Die heutige Bühne ist autonom: „Wir schreiben heute bewußt Theater, wir wissen, daß wir Theater machen, und darum schreiben wir Komödien.'' (Aus einem Interview des Jahres 1972 zitiert in: Knapp, G. P.: „Die Physiker''. Grundlagen und Gedanken zum Verständnis des Dramas, S. 9)

– Die Kunst an sich ist (gegenüber den Wissenschaften und der Politik) autonom. – Politik und Wissenschaften sind zweckrational und ideologisch auf das Leben bezogen; die Kunst – die Komödie – ermöglicht Distanz, indem sie Zusammenhänge, d. h. „Motive und Hintergründe'' transparent machen kann.'' (Knapp, G. P., S. 9).

Bezeichnenderweise hieß Dürrenmatts erstes Bühnenstück „Komödie''; in allen weiteren macht Dürrenmatt konkret und gestalthaft deutlich, was er theoretisch formuliert. – (Vgl. Kapitel 5.1)

10

Friedrich Dürrenmatt wird 60.
Niemand bezeichnet sein Werk als gänzlich verschlosssen und auf einen Nenner gebracht. Die Elle, ihn zu messen, ist gefunden; ob man jedoch zu einer Rubrik gelangen wird, ihn zu ‚klassifizieren', sei dahingestellt.

Unser kleiner Band vereinigt Ausführungen zu einem seiner früheren Romane und zu einem Stück des bereits arrivierten Dramatikers, das etwa 10 Jahre später geschrieben worden ist. Die Koppelung der beiden populären Titel legitimiert sich in der Absicht, zwei Bausteine eines Gesamt zu beleuchten, die ausschnitthaft einen schöpferischen Entwicklungsprozeß in der Standortfindung des Autors belegen. Darüber hinaus erscheint es interessant, zwei Beispiele unterschiedlicher Gattungen heranzuziehen, die Dürrenmatts breite literarische Palette dokumentieren. Nicht zuletzt bestimmt der Vorschlagskanon von Lesestoffen in den Schulen unsere Auswahl.

Die Hinweise in Kapitel 7 bleiben auf die unterrichtliche ‚Behandlung' des *Romans* unter Aspekten *operativen Umgangs mit Texten* beschränkt.

2. Werkübersicht (Chronologie)*

Jahr	Titel (Hauptwerke)	Gattung (Genre)
1943	Komödie	Komödie
	Weihnacht; Der Folterknecht.	Erzählungen
1945	Der Alte; Das Bild des Sysiphos; Der Theaterdirektor.	Erzählungen
1946	Es steht geschrieben (uraufgeführt am 19. 4. 1947) in Zürich).	Drama
	Der Blinde (uraufgeführt am 10. 1. 1948 in Basel).	Drama
	Der Doppelgänger.	Hörspiel
1948	Romulus der Große (uraufgeführt am 25. 4. 1949 in Basel).	Komödie
1950	**Der Richter und sein Henker** (ab 13. 10. als Fortsetzungsroman im „Schweizerischen Beobachter").	Kriminalroman
	Der Tunnel; Der Hund	Erzählungen
1951	Die Ehe des Herrn Mississippi (uraufgeführt am 26. 3. 1952).	Komödie
	Der Verdacht	Kriminalroman
	Der Prozeß um des Esels Schatten.	Hörspiel
1952	Sammelband „Die Stadt" (frühe Prosa).	
	Stranitzky und der Nationalheld; Nächtliches Gespräch mit einem verachteten Menschen.	Hörspiele
1953	Ein Engel kommt nach Babylon (uraufgeführt am 22. 12. d. J. in München).	Komödie

---

* Dem Leser wird die im Diogenes-Verlag erschienene dreißigbändige Gesamtausgabe der Werke Friedrich Dürrenmatts empfohlen.

12

1954	Herkules und der Stall des Augias; Das Unternehmen der Wega.	Hörspiele
	Theaterprobleme (Weiterführung der 1952 in der „Weltwoche" veröffentlichten „Anmerkungen zur Komödie. — Dramaturgische Standortbestimmung.	Komödientheorie
1955	Besuch der alten Dame (uraufgeführt am 29. 1. 1956 in Zürich). Grieche sucht Griechin.	(tragische) Komödie Prosakomödie
1956	Die Panne; Abendstunde im Spätherbst; Neue Schlußfassung von „Romulus der Große".	Hörspiele
1957	Es geschah am hellichten Tag; Das Versprechen.	Filmdrehbuch Roman
1958	Auftragsarbeit für Zürich: Frank V. Oper einer Privatbank. (Musik Paul Burkhard).	
1960	„Justiz"; Neue Schlußfassung für Frank V; Umarbeitung des „Mississippi".	Roman Filmdrehbuch
1961	**Die Physiker** (uraufgeführt am 20. 2. in Zürich).	Komödie
1962	Bühnenfassung von „Herkules und der Stall des Augias".	
1963	Die Hochzeit der Helvetia mit dem Merkur.	Kabarettext
1964	Der Meteor (uraufgeführt am 20. 1. 1966 in Zürich).	Komödie
1965	Fortsetzung an „Der Meteor"; Arbeit an „Der Sturz" (veröffentlicht 1971)	Erzählung
1966 1967	Bearbeitung von „König Johann" (uraufgeführt in der von Dürrenmatt veränderten Fassung am 18. 9. 1968 in Basel);	
1968	Bearbeitung von Strindbergs „Totentanz"	

1969	(uraufgeführt am 8. 2. 1969 in Basel)	
1970	Porträt eines Planeten (uraufgeführt am 8. 11. 1970 in Düsseldorf). Bearbeitung von Shakespeares „Titus Andronicus" (uraufgeführt am 12. 12. 1970 in Düsseldorf).	Komödie
1971	Der Sturz	Erzählung
1972 1973	Der Mitmacher (uraufgeführt am 8. 3. 1973 in Zürich).	Komödie
1974 1975 1976	Nachwort zum „Mitmacher"; Israel-Essay „Zusammenhänge"; Text des „Mitmacher" publiziert.	Essay
1977	Die Frist (uraufgeführt am 6. 10. 1977 in Zürich).	Komödie
1978	Lesebuch; Bilder und Zeichnungen.	

Im folgenden erläutern wir einige zentrale Werke Friedrich Dürrenmatts. Damit soll der Leser seine Eindrücke (vorläufig) abrunden können über das an den beiden hier erläuterten Titeln Erfahrene hinaus. Möglicherweise erhält er auch einen Anstoß zur weiteren (eigenständigen) Lektüre:

Mit der Komödie **„Die Ehe des Herrn Mississippi"**, die am 26. März 1952 in den Münchener Kammerspielen uraufgeführt wird, begründet Dürrenmatt seinen Weltruf als „unbequemer" Theaterschriftsteller. Drei Weltverbesserer, der Staatsanwalt Florestan Mississippi, der linke Berufsrevolutionär Frédéric René Saint-Claude und der Armenarzt Graf Bodo von Übelohe-Zabernsee stehen der Witwe, Frau Anastasia, gegenüber. Giftmorde und selbstauferlegte „Sühne", Rache und Betrug bestimmen die Handlung des Stückes. Am Ende der moralisierenden Zeitsatire wird deutlich, daß Anastasia zwar die Existenz ihrer Partner vernichten kann, ohne daß aber der idealistische Glaube der drei Prototypen (stellvertretend für die kommunistische Weltrevolution, die Liebe und die Gerechtigkeit im Sinne des Gesetzes Mosis) Schaden nimmt. Fazit: Idealisten können in dieser Welt nichts mehr ausrichten, sie gehört allein den skrupellosen Praktikern.

Die Menschheit ohne göttliche Gnade, das ist das Leitmotiv der Komödie **„Ein Engel kommt nach Babylon"**. In einer Anmerkung zu diesem „Märchen" oder „kabarettistischen Gleichnis" schreibt Dürrenmatt:

„Die vorliegende Komödie versucht den Grund anzugeben, weshalb es in Babylon zum Turmbau kam, der Sage nach zu einem der grandiosesten, wenn auch unsinnigsten Unternehmen der Menschheit; um so wichtiger, da wir uns heute in ähnlichen Unternehmen verstrickt sehen . . . Ich hatte nie im Sinn, eine versunkene Welt zu beschwören, es lockte mich, aus Eindrücken eine eigene Welt zu bauen. Die Arbeit zog sich über Jahre hin. Ein ernsthafter Versuch, den ganzen Turmbaustoff zu gestalten, mißlang 1948, fünf Jahre später wagte ich es von neuem, indem der erste Akt beibehalten und eine andere Handlung geschaffen wurde: Nur die Ursache des Turmbaus sollte nun behandelt werden. So kam eine Fassung zustande, die zuerst in München (22. 12. 1954) und dann auch in anderen Städten aufgeführt wurde." (Theater-Schriften und Reden S. 179.)

Aber der Autor ist mit seinem Werk nicht zufrieden, so daß er sich 1957 zu einer Neufassung veranlaßt sieht. Dennoch ist die Uraufführung in München ein großer Erfolg. Die Stadt Bern zeichnet Dürrenmatt dafür mit einem Preis aus.

Parallel zu dem grotesk-komischen Roman „Grieche sucht Griechin" (1955) arbeitet Dürrenmatt an dem Theaterstück **„Der Besuch der alten Dame"**. Die „tragische Komödie", wohl das gelungenste Werk des Autors, wird am 29. Januar 1956 im Schauspielhaus Zürich uraufgeführt. Darin geht es um die Begriffe Rache, Korruption und Geld als absolutes Machtmittel.

Eine amerikanische Milliardärin besucht ihren verschuldeten Heimatort Güllen und fordert von den Einwohnern gegen ein hohes Milliardenangebot die Leiche ihres Jugendgeliebten Alfred III. Als Armeleutekind namens Kläri Wäscher war sie vor Jahren von ihrem Geliebten verraten, in einem Vaterschaftsprozeß durch bestochene Zeugen unglaubwürdig gemacht, in ihrer Schande aus Güllen vertrieben worden. Kläri Wäscher kehrt als Claire Zachanassian zurück und verlangt Gerechtigkeit. Sie bekommt ihr Opfer, nachdem die Bürger zunächst ein solches „Geschäft" entrüstet zurückweisen, aber nicht mehr aus der Verstrickung heraus können. Der auf Alfred III genommene Kredit muß beglichen werden. Er wird aus „moralischen" Gründen getötet und Claire Zachanassian überreicht dem Bürgermeister von Güllen die versprochene Belohnung. Dürrenmatt schreibt dazu:

> „Claire Zachanassian stellt weder die Gerechtigkeit dar, noch den Marshallplan oder gar die Apokalypse, sie sei nur das, was sie ist, die reichste Frau der Welt, durch ihr Vermögen in der Lage, wie eine Heldin der griechischen Tragödie zu handeln, absolut, grausam, wie Medea etwa. Sie kann es sich leisten . . . (Ills) Tod ist sinnvoll und sinnlos zugleich. Sinnvoll allein wäre er im mythischen Reich einer antiken Polis, nun spielt sich die Geschichte in Güllen ab. In der Gegenwart. Zu den Helden treten die Güllener, Menschen wie wir alle. Sie sind nicht böse zu zeichnen, durchaus nicht, zuerst entschlossen, das Angebot abzulehnen, zwar machen sie nun Schulden, doch nicht im Vorsatz, Ill zu töten, sondern aus Leichtsinn, aus einem Gefühl heraus, es lasse sich schon alles arrangieren . . . Die „Alte Dame" ist ein böses Stück, doch gerade deshalb darf es nicht böse, sondern auf humanste wiedergegeben werden, mit Trauer, nicht mit Zorn, doch auch mit Humor, denn nichts schadet dieser Komödie, die tragisch endet, mehr als tierischer Ernst".

1964/65 schreibt Dürrenmatt an der Komödie **„Der Meteor",** die am 20. Januar 1966, wiederum im Schauspielhaus Zürich, uraufgeführt wird. Die deutschen Erstaufführungen folgen am 9. Februar gleichzeitig an den Münchener Kammerspielen, am Düsseldorfer Schauspielhaus und am Hamburger Thalia-Theater.

Gezeigt wird das Sterben, das Leben und das Nichtsterbenkönnen des Schriftstellers Wolfgang Schwitter. Sein unsichtbarer Gegenspieler ist der Tod, der ihn nicht holt und wenn er es getan hat, aufs neue in das verhaßte Leben zurückstößt. Der „Lazarus" unserer Tage, der weder an Jesus Christus noch an die Auferstehung glaubt, ruft am Ende des Stückes verzweifelt: „Wann krepiere ich denn endlich?"

Hat sich Dürrenmatt in seiner Novelle „Der Sturz" den Spaß erlaubt, die Auswirkungen eines dummen Zufalls auf die Führungsspitze eines dem Sozialismus verschriebenen Gesellschaftssystems darzustellen, so geht es ihm in seinem Stück **„Die Mitmacher"** darum, eine Situationsanalyse der kapitali-

16

stischen Herrschaftsstruktur vorzulegen. Ein aus einer hohen industriellen Position entlassener Chemiker, Doc, genannt, trifft mit dem Gangsterchef einer Stadt zusammen. Dieser bedient sich der Erfindung des Wissenschaftlers, Leichen in einer Flüssigkeit völlig zum Verschwinden zu bringen. Das Geschäft, mißliebige Personen zu beseitigen, floriert, als sich der Polizeichef an dem Unternehmen beteiligt. Opfer dieser Aktion werden auch die Geliebte des Gangsterchefs, die ihre Sympathien für den Wissenschaftler entdeckt, und Docs Sohn, ein zum Millionenerben avancierter idealistischer Anarchist. Angesichts dieser Tatsachen verliert Doc den Halt. Ihm eröffnet der Polizeichef, daß er nie Teilhaber des Geschäfts war. Es sei ihm nur darum gegangen, seinen alten Traum, einmal ein Stück Gerechtigkeit zu verwirklichen, in Erfüllung gehen zu lassen.

Die Premiere dieses Stücks findet am 8. März 1973 im Zürcher Schauspielhaus unter der Regie von Andrezey Wajda statt. Am Abend der Uraufführung erscheint in einer Zürcher Tageszeitung die Mitteilung des Regisseurs, ,,daß der Autor in den letzten Tagen die Inszenierung selbst in die Hand genommen hat und daß der Regisseur für eine Inszenierung, deren Verantwortung ihm abgenommen wurde, nicht mit seinem Namen einstehen kann.''

Die 1977 uraufgeführte Komödie ,,**Die Frist**'' bleibt hinter den großen Komödien der frühen Schaffensjahre zurück. Dennoch hat Dürrenmatt ihr mit geschichtsphilosophischer Akzentuierung eine neue Dimension verliehen, so daß man auf die Öffentlichmachung in Zürich und Basel, den Stätten verjährter (aber wohl nicht vernarbter) Disharmonien, voller Erwartung blickte. Beide Aufführungen enttäuschten, nicht zuletzt wegen der wenig einfühlsamen Regie. Vielleicht wurde hier ein Stück (mit seinem Autor) zu Unrecht abgeurteilt, das sicherlich auch in der Schweiz eine objektive Rezeption und Inszenierung verdient hätte.

,,. . .,Die Frist' ist ein Bündel von Reflexen auf Ereignisse dieser Welt. Das qualvolle, künstlich in die Länge gezogene Sterben Francos, die Hinrichtung von spanischen Oppositionellen durch die Garotte, die Versuche Kissingers, Weltpolitik im Stile eines Metternich zu betreiben, der einsame Kampf eines russischen Nobelpreisträgers gegen ein übermächtiges Regime, die Skrupellosigkeit moderner Mediziner, die wie gefühllo-

17

se Technikakrobaten arbeiten, die Borniertheit, die himmelschreiende Dummheit von Politikern, die kaltschnäuzig und phantasielos Macht einsetzen, um Macht kämpfen, die Verlorenheit von Menschen, die nur noch an abstrakte Prinzipien angebunden sind, deren Kriterien unmenschlich, kalt, rücksichtslos sind. Untergangsvisionen, die verquickt werden (heillos verquickt) mit feministischen Kampfparolen – *es ist, als habe Dürrenmatt in einem einzigen, alles auslöschenden Seufzer Bilanz gezogen und sein Testament gemacht.''*
(R. Stumm in: Theater heute. Dezember 1977, S. 19)

3. Dürrenmatt und der Kriminalroman

Von der Definition her ist eine Kriminalgeschichte nichts anderes als eine Großform des Rätsels. Darin wird ein Verbrecher — in den meisten Fällen handelt es sich um Mord aus verschiedenen Motiven — verrätselt. Gleiches tut der Gesetzesbrecher, um seinen Verfolgern zu entgehen.

In der Kriminalgeschichte wird dem Leser ein verbrecherischer Tatbestand geschildert. Der Autor nutzt die menschliche Neugierde und veranlaßt den an der Lösung des Rätsels Interessierten, dem Wechselspiel von Kombinationen, Vermutungen, dem Verfolgen einer falschen Spur und der überraschenden Erhärtung eines Beweises zu folgen. Gelingt die Auflösung des Rätsels, ist das „Geheimnis" des Kollektivs oder des Einzelverbrechers hinfällig geworden: Damit sind auch die Sonderexistenz aufgehoben und der Gefahrenherd für die moralisch intakte Umwelt beseitigt.

Als technisches Hilfswerk zur Enträtselung hat der Erfinder des „Polizei"-Genres, Edgar Allan Poe, den Detektiven eingeführt. Der Brite Conan Doyle machte ihn mit einem wahrhaft genialen Kunstgriff zur „Figur". Sherlock Holmes ist mehr als der Enträtseler eines speziellen Falles, er hat seine eigene Existenz, auch nach der Aufdeckung des Verbrechens. So ist er nicht nur das personifizierte Prinzip des Enträtselns, sondern die „Figur" gewann noch dadurch, daß sie Doyle zum Amateurdetektiven machte. Seine besonderen ethischen Anlagen und oft skurilen Antriebe ließen damit den Triumph der Lösung des „Geheimnisses" zu einem persönlichen Triumph werden: Sherlock Holmes wurde zum „Helden".

Seit geraumer Zeit hat sich im Bereich der Kriminal-Literatur — aber auch im Hörspiel und Fernsehen — eine Tendenzwende bemerkbar gemacht. Um die Glaubhaftigkeit des „Helden" zu verstärken, wird die „Figur" mit durchaus menschlichen Schwächen, auch mit moralischen Unzulänglichkeiten im Charakter ausgestattet. Der Mensch, der vom Staat als Ordnungsfaktor beauftragte Beamte, tritt mehr und mehr in den Vordergrund. Als verlängerter Arm des Gesetzes bekämpft er ein Verbrechen und wird damit oft zum „Anti-Helden".

19

Friedrich Dürrenmatt steht mit seinen drei Kriminalgeschichten einerseits ganz in der Tradition dieser literarischen Gattung, die mit E. A. Poe ihren Anfang nahm. Andererseits weiß er aus eigener Erfahrung, daß die Welt ein Rätsel an Unheil ist, vor dem niemand zurückweichen darf. Kein Platz für Heroen. Nur der „Anti-Held" überlebt und kann das Rätsel lösen. Noch in einem weiteren Punkt weicht Dürrenmatt vom Klischee ab: Er läßt den Zufall über Erfolg oder Mißerfolg der Verbrechensaufklärung entscheiden. Für den Leser soll der Reiz der Lektüre nicht im Lösen einer Denksportaufgabe liegen. Dürrenmatt will zeigen, wie unberechenbar die Wirklichkeit, das tägliche Leben ist, und daß seine Hauptfigur den Verbrecher nur mit diesem Wissen und auf ungesetzliche Weise stellen kann.

Die klassische Detektivgeschichte lebt vom Schwarz-Weiß-Effekt, von der strengen Differenzierung in gute und in schlechte Menschen. Der neuere Kriminalroman vermeidet diese strikte Abgrenzung moralischer Kategorien gegeneinander und macht somit den Weg für eine realitätsbezogene Darstellung soziologischer und psychologischer „Grau-Zonen" frei.

Sobald der Täter sich unauffällig in das System der bürgerlichen Ordnung einfügt und sich dem Funktions-Schema der Gesellschaft anpaßt, erweisen sich alle Rechtsnormen — wie bekannt — als unwirksames Instrumentarium. In Dürrenmatts Kriminalgeschichte „Der Richter und sein Henker" verkörpert die Figur des undurchsichtigen Geschäftsmannes Gastmann diesen Verbrechertyp.

Zugleich wird die allen Vorstellungen von Moral zuwiderlaufende Möglichkeit dargestellt, daß ein vom Staat berufener Hüter des Rechts und der Ordnung in einer Konfliktsituation selbst ein Verbrechen zuläßt, wenn es ihn an sein Ziel bringt. Doch Dürrenmatt geht noch einen Schritt weiter. Sein Roman-Held Bärlach scheitert im Grunde ebenso an der Realität wie sein Gegenspieler Gastmann. Der Kommissär muß die Lösung seiner Lebensaufgabe einem anderen überlassen. Er maßt sich ein Richteramt an, er will über Gut und Böse entscheiden und braucht zur Erfüllung seiner Aufgabe den Zufall. Der Moralist Dürrenmatt will die Welt zeigen, wie sie wirklich ist.

Mit der Entdeckung des Mordes an dem Berner Polizeioffizier Ulrich Schmied beginnt Dürrenmatt seinen Roman.

20

4. Der Richter und sein Henker

Dieser erste Kriminalroman Friedrich Dürrenmatts erschien in Fortsetzungen ab dem 13. 10. 1950 im „Schweizerischen Beobachter". Er wurde zu einem großen Bucherfolg. Bis 1974 hatte er bereits (als Taschenbuch) 1 245 000 erreicht und im Juni 1980 die Zweimillionengrenze weit überschritten.

Mit diesem und dem zweiten Kriminalroman „Der Verdacht" (vgl. „Analysen und Reflexionen" Band 16) begründete Dürrenmatt seinen Ruf als Erzähler, den er freilich mit der Reihe seiner erfolgreichen Komödien wie „Die Ehe des Herrn Mississippi", „Ein Engel kommt nach Babylon" und natürlich „Der Besuch der alten Dame" noch in der ersten Hälfte der fünfziger Jahre als Dramatiker übertraf.

Eine Hörspielfassung des ersten Romans und ein Filmdrehbuch „Es geschah am hellichten Tag" (beide 1957), das dem dritten Kriminalroman „Das Versprechen als Vorwurf" diente, stellten die Fähigkeiten ihres Verfassers unter Beweis, auch in einem anderen Medium konventionelle Geschehnisse spannend zu inszenieren, ja, sie unterstrichen eigentlich nur hinlänglich Bekanntes: Dürrenmatts unbestreitbares dramatisches Talent, von dem auch die Komposition des ersten Romans profitiert hatte.
Dürrenmatt schrieb „Der Richter und sein Henker", um Geld zu verdienen. Anderes auch, wie er in seinem Gespräch mit L. Arnold erläuterte; zugleich aber suchte er sich im Metier des Schreibens zu finden. Mit seinem ersten Roman legte er mehr als einen Gelegenheitsbeitrag vor. Trotz unverkennbarer konventioneller Elemente (polare Konstellation Detektiv-Verbrecher, vordergründige Spannung und ‚action', Irritation und überraschende Lösung) hebt sich Dürrenmatts Kriminalroman vom Genreüblichen ab und zeigt das ironisch-engagierte zeitkritische Bewußtsein seines Verfassers, das ihm in seinem Heimatland nicht nur Freunde schaffte. In der Literatur zu Dürrenmatt ist herausgestellt worden, in welchem Maße der ‚Zufall' eine Rolle spielt, in welchem Maße er in den Kriminalromanen als Ausdruck einer Gesellschaft vorherrscht, die sich der Verschleierungsmechanismen bedient, um dem Individuum (auch Kommissar Bärlach) jede Einsicht in Zusammenhänge zu verwehren und jedes Geschehnis als ‚schicksalhaft' vorgegeben hinstellen zu können (vgl. Knopf, Jan: Friedrich Dürrenmatt, Autorenbücher, S. 46 ff.).

21

Bärlach hat Anhaltspunkte, doch er ist der Zwangsläufigkeit des Zufalls (und des Glücks) unterworfen wie die Verbrecher selbst, um gegen den Strich letztlich doch zu seinem Erfolg zu kommen: „. . . Nun, ich muß warten, bis die Indizien zum Vorschein gekommen sind . . .“ (S. 22), sagt Bärlach zu seinem Mitarbeiter Tschanz, warten auf einen Zufall . . .

4.1 Handlung

Auf der Straße von Lamboing, einem der Tessenberg-Dörfer in der Schweiz, findet der Polizist von Twann, Alphons Clenin, am 3. November 1948 die Leiche von Ulrich Schmied, Polizeileutnant der Stadt Bern. Er liegt mit durchschossenen Schläfen auf dem Steuerrad eines blauen Mercedes, der am Straßenrand oberhalb der Twannbachtalschlucht steht. „Clenin wußte nicht recht, was er tun sollte. Als Dorfpolizist war ihm ein so blutiger Fall noch nie vorgekommen.“ Er entschließt sich, den Wagen mit dem toten Polizeileutnant nach Biel zu fahren. Dort wird der Fall zur Aufklärung an den Berner Kommissär Bärlach übergeben, „der auch Vorgesetzter des Toten gewesen war.“

Das erste, was Bärlach im Fall Schmied tut, ist, daß er Anordnung gibt, die Angelegenheit zunächst geheim zu halten. Noch am gleichen Tag sucht der Kommissär die Familie Schönler auf, wo der Polizeileutnant gewohnt hat. Er entdeckt dort „eine Mappe, die auf dem Schreibtisch lag und die er sogleich unter den Arm klemmte.“ Beim Mittagessen im Restaurant „Du Théatre“ studiert Bärlach den Inhalt der Mappe, macht einen kurzen Spaziergang und sucht dann seinen Chef, Dr. Lucius Lutz, zur Berichterstattung auf. Lutz ist mit dem Stand der bisherigen Untersuchungen nicht zufrieden. Auf seine Frage, ob der Kommissär bereits irgendwen in Verdacht habe, antwortet Bärlach mit Ja, aber mehr könne er noch nicht sagen. Er bittet Dr. Lutz unter Hinweis auf seinen angegriffenen Gesundheitszustand, „ihm einen Stellvertreter in der Mordsache Schmied beizugeben, der das Hauptsächliche ausführen könnte.“ Er selbst wolle den Fall mehr vom Schreibtisch aus behandeln. Diese Aufgabe soll der Polizist Tschanz übernehmen, der zur Zeit noch Ferien im Berner Oberland mache.

22

Noch am Nachmittag fährt Bärlach zum Tatort nach Twann. Bei dem Lokaltermin entdeckt der Kommissär durch Zufall „ein vorne breitgedrücktes längliches, kleines Metallstück", eine Revolverkugel.

Einen Tag später, vormittags, meldet sich der Polizist Tschanz bei Bärlach. Der Kommissär zeigt ihm die Kugel und Tschanz stellt fest: „Die kommt aus einem Armeerevolver". Im weiteren erklärt Bärlach seinem Stellvertreter, daß er nichts von der Reise des Polizeileutnants Schmied in die Gegend des Twannbachtales gewußt habe. Tschanz erläutert nun, wie sich der Mord möglicherweise zugetragen hat:

„Schmieds Wagen hat das Steuer links, und Sie haben die Kugel am linken Straßenrand gefunden, vom Wagen aus gesehen; dann hat man in Twann den Motor die Nacht durch laufen gehört. Schmied wurde vom Mörder angehalten, wie er von Lamboing nach Twann hinunterfuhr. Wahrscheinlich kannte er den Mörder, weil er sonst nicht gestoppt hätte. Schmied öffnete die rechte Wagentüre, um den Mörder aufzunehmen, und setzte sich wieder ans Steuer. In diesem Augenblick wurde er erschossen. Schmied muß keine Ahnung von der Absicht des Mannes gehabt haben, der ihn getötet hat."

Unter Berufung auf das polizeiliche Protokoll informiert Tschanz den Kommissär darüber, daß Schmied unter seinem Mantel einen Gesellschaftsanzug getragen habe. Es sei daher anzunehmen, daß der Polizeileutnant in der Gegend von Lamboing auf einer Gesellschaft gewesen sei. In seinem Taschenkalender habe sich Schmied für den zweiten November ein „G" notiert. Ähnliche Eintragungen dieser Art deuteten darauf hin, daß Schmied sich bereits mehrfach dort aufgehalten habe. Dem Einwand des Kommissärs: „G kann alles mögliche heißen, ein Frauenname oder sonst was," kann Tschanz mit dem Hinweis begegnen, daß Schmieds Freundin Anna heiße. Von Frau Schönler habe er erfahren, Schmied habe an den Tagen, die in seinem Kalender mit „G" bezeichnet seien, stets den Frack angezogen und sei mit dem Wagen davongefahren.

Der Kommissär ist erstaunt. Auf die Bitte von Tschanz zu sagen, gegen wen er einen bestimmten Verdacht habe, wie es ihm Dr. Lutz bereits eröffnet habe, sagt Bärlach:

23

„... mein Verdacht ist nicht ein kriminalistisch wissenschaftlicher Verdacht. Ich habe keine Gründe, die ihn rechtfertigen. Sie haben gesehen, wie wenig ich weiß. Ich habe eigentlich nur eine Idee, wer als Mörder in Betracht kommen könnte; aber der, den es angeht, muß die Beweise, daß er es gewesen ist, noch liefern ... Nun, ich muß warten, bis die Indizien zum Vorschein gekommen sind, die seine Verhaftung rechtfertigen."

Er fordert Tschanz auf, den Mörder Schmieds festzustellen,

„ohne Rücksicht darauf, daß ich einen bestimmten Verdacht habe. Wenn der, den ich verdächtige, der Mörder ist, werden Sie selbst auf ihn stoßen, freilich im Gegensatz zu mir auf eine einwandfreie, wissenschaftliche Weise; wenn er es nicht ist, werden Sie den Richtigen gefunden haben, und es wird nicht nötig gewesen sein, den Namen des Menschen zu wissen, den ich falsch verdächtigt habe."

Widerstrebend gibt sich Tschanz mit dieser Arbeitsweise zufrieden. Als ersten Schritt will er am Abend nach Lamboing fahren. Schmied habe für heute wiederum ein „G" in seinen Kalender eingetragen: „Ich will ... sehen, was ich herausfinde." Auf die höfliche, aber mehr scherzhaft gemeinte Frage, ob der Kommissär ihn begleiten wolle, antwortet Bärlach mit Ja und verwirrt seinen Gesprächspartner etwas, denn damit hatte er nicht gerechnet. Auch auf die Frage, ob Bärlach in Schmieds Wohnung etwas gefunden habe, bekommt Tschanz einen negativen Bescheid, obwohl der Kommissär gerade erst die Mappe im Schreibtisch eingeschlossen hat.

Um sieben Uhr holt Tschanz Bärlach in seiner Wohnung ab. Der Polizist versucht noch einmal, den Kommissär von seinem Vorhaben abzubringen, zumal er ja Magenschmerzen habe. Außerdem sei das Wetter kalt und regnerisch. Aber Bärlach weist das Mitgefühl zurück: „Unsinn, es gilt einen Mörder zu finden. Das könnte Ihnen gerade so passen, daß ich zu Hause bleibe."

Auf der Fahrt nach Twann äußert sich Tschanz kritisch und voller Neid über den ermordeten Polizeileutnant, der, wie er von Bärlach erfährt, seinen Wagen den „blauen Charon" — wie den Fährmann der Unterwelt in der griechischen Sage —

nannte: „Schmied hatte reiche Eltern und durfte das Gymnasium besuchen. Das konnte sich unsereiner nicht leisten. Da wußte er eben, wer Charon war, und wir wissen es nicht." In der Twannbachschlucht angekommen, hält Tschanz den Wagen an und schaltet die Scheinwerfer aus. Bis acht Uhr sind es noch zwanzig Minuten. Er unterrichtet den Kommissär inzwischen über seine weiteren Absichten:

„Ich setze heute alles auf die Möglichkeit, daß es diesen Abend dort, wo Schmied am Mittwoch war, eine Gesellschaft gibt, zu der vielleicht einige gefahren kommen, denn eine Gesellschaft, bei der man heutzutage den Frack trägt, muß ziemlich groß sein. Das ist natürlich nur eine Vermutung."

Tschanz hat richtig kombiniert. Kurz darauf fahren insgesamt drei „große, dunkle Wagen voller Menschen" in Richtung Lamboing an ihnen vorbei. Der Kommissär und Tschanz folgen ihnen bis kurz vor ein „Haus, von Pappeln umrahmt, dessen Eingang erleuchtet war ..." Nachdem das Licht erloschen ist, nähern sich die beiden Polizeibeamten vorsichtig dem Haus. In der Dunkelheit erkennen sie mühsam, daß in der Mitte der Gittertüre in der niedrigen Gartenmauer ein Schild befestigt ist. Das darauf abgebildete „G" weiß Tschanz zu erklären. Es ist der erste Buchstabe des Namens Gastmann, den er im Telefonbuch gefunden habe. Beide umschreiten nun in gegensätzlichen Richtungen das Haus. Plötzlich wird der Kommissär von einem großen Hund angefallen. Tschanz greift im letzten Augenblick ein und erschießt das „entfesselte Ungeheuer an Kraft und Mordlust."

Der Zwischenfall ist im Inneren des Hauses nicht unbemerkt geblieben. Ein Teilnehmer der Gesellschaft, Nationalrat Oberst von Schwendi, kommt heraus und äußert sich lautstark über die Erschießung des Hundes und die Ruhestörung. Bärlach verlangt Gastmann zu sprechen. Es gehe um die Ermordung des Polizeioffiziers Schmied, der vergangene Woche Gast des Hauses gewesen sei. Der Nationalrat erklärt, Gastmann sei jetzt nicht zu sprechen. Er selbst werde aber morgen in seiner Eigenschaft als Rechtsvertreter Gastmanns zur Polizei kommen.

25

Nach diesem Mißerfolg schlägt Tschanz vor, den Dorfpolizisten von Lamboing über Gastmann zu befragen. Bärlach beauftragt seinen Stellvertreter, ihm diese Arbeit abzunehmen; er selbst wolle in einem kleinen Restaurant am Anfang der Twannbachschlucht auf ihn warten: „Ich muß etwas für meinen Magen tun."

Tschanz trifft in einem Wirtshaus mit den Polizisten Clenin und Charnel zusammen. Im Verlauf des Gesprächs erfährt er, daß Gastmann sehr reich und großzügig ist. Allein das genüge, meint Charnel, um sich keine weiteren Gedanken über sein Tun zu machen. Im weiteren ist von einem Schriftsteller die Rede, der ebenfalls im Hause Gastmann verkehrt. Ihn will Tschanz aufsuchen. Ebenso kündigt er an, am nächsten Tag Gastmann selbst zu befragen.

Entsprechend der Verabredung will Tschanz nun den Kommissär im Restaurant abholen. Auf dem Wege dorthin inspiziert er noch einmal die Umgebung des Hauses von Gastmann. Zu seinem Erstaunen bemerkt er, daß der tote Hund bereits fortgeschafft worden ist. Tschanz trifft Bärlach im „Restaurant zur Schlucht" nicht an. Die Wirtin berichtet, der Kommissär habe sich nur fünf Minuten im Wirtshaus aufgehalten und die Absicht geäußert, nach Twann zu gehen.

Nahe der Stelle, wo Schmied erschossen wurde, begegnet Tschanz dem Kommissär. „Keiner sprach ein Wort, und ihre Augen waren wie Steine." Das Frage- und Antwortspiel auf der Rückfahrt bringt keine neuen Erkenntnisse. Zu Hause angekommen, greift Bärlach in die Manteltasche und entnimmt ihr einen schweren Revolver, obwohl er gegenüber Tschanz nach dem Angriff des Hundes geäußert hatte, nur selten bewaffnet zu sein. Auch „war sein linker Arm mit Tüchern umwickelt, wie es bei jenen Brauch ist, die ihre Hunde zum Anpacken einüben."

Am nächsten Morgen beschwert sich Oberst von Schwendi bei Dr. Lutz über die nächtliche Aktion der Polizei gegen das Haus Gastmann. Bei dieser Gelegenheit eröffnet von Schwendi dem verdutzten Untersuchungsrichter, daß „Schmied unter dem Namen Doktor Prantl, Privatdozent für amerikanische Kulturgeschichte in München, den Gesellschaften beiwohnte." Er selbst halte Gastmann für ganz ungefährlich und im Grunde gehe es nicht darum, daß er

26

für seinen Klienten eine Erklärung abgebe, sondern die Polizei müsse darlegen, was Schmied in Lamboing zu suchen gehabt habe. Dennoch legt von Schwendi eine in drei Abteilungen gegliederte Liste mit den Namen der Personen vor, „die bei meinem guten Gastmann verkehrt haben." Die Gesellschaften seien so etwas wie der äußere Rahmen für private Gespräche von Industriellen einer fremden Macht gewesen:

„Die Verhandlungen müssen geheimgehalten werden, und das kann man mit Künstlern am besten. Gemeinsames Fest, Braten, Wein, Zigarren, Frauen, allgemeines Gespräch, die Künstler langweilen sich, sitzen zusammen, trinken und bemerken nicht, daß die Kapitalisten und die Vertreter jener Macht zusammensitzen."

Auf Drängen des Nationalrates und seines Parteifreundes erklärt sich Dr. Lutz bereit, Gastmann von Verhören und einer Hausdurchsuchung zu verschonen. Wenn aus Formalitätsgründen Fragen gestellt werden müßten, so wolle er Oberst von Schwendi vorher informieren.
Um zehn Uhr wird der ermordete Polizeileutnant Schmied beigesetzt. Neben Dr. Lutz und Bärlach nehmen an der Trauerfeier im strömenden Regen viele Polizisten in Zivil teil, unter ihnen Tschanz; außerdem Frau Schönler und „ein Mädchen, blaß, ohne Hut, mit blondem Haar, das in nassen Strähnen hinunterfloß ..." Es handelt sich um Schmieds Freundin Anna. Die Beisetzung wird gestört, als zwei betrunkene „brutale, riesenhafte Kerle, befrackte Schlächter" grölend einen Lorbeerkranz auf den Sarg werfen. Die Inschrift auf der Schleife lautet: „Unserem lieben Doktor Prantl." Bärlich weiß den Zwischenfall richtig einzuschätzen. Er sagt Dr. Lutz, daß es sich wohl um eine Warnung von Seiten Gastmanns handeln werde.
Wieder zu Hause findet der Kommissär seinen Gegenspieler vor. Gastmann sitzt im Lehnstuhl und blättert die Aufzeichnungen durch, die von Schmied stammen. In dem folgenden Gespräch wird offenbar, daß sich Bärlich und Gastmann, wie er sich heute nennt, bereits seit 40 Jahren kennen. Ihr Streit, ob das perfekte Verbrechen möglich sei, endete damals mit einer Wette, die der junge Polizeifachmann aus der

27

Schweiz in türkischen Diensten verlor. Gastmann stieß vor den Augen Bärlachs einen deutschen Kaufmann über die Mahmud-Brücke am Bosporus und das Gericht glaubte seiner Version von einem Selbstmord wegen Bankrotts. So habe er seine Laufbahn als Verbrecher begonnen, sagt Bärlach und sein ungebetener Gast antwortet: „Ich wurde ein immer besserer Verbrecher und du ein immer besserer Kriminalist: den Schritt jedoch, den ich Dir voraushatte, konntest Du nie einholen." Gastmann erinnert Bärlach an seine Krankheit und fordert ihn auf, die Jagd abzublasen: „Der Tod wartet nicht." Er nimmt die Mappe mit den von Schmied zusammengestellten Untersuchungsergebnissen an sich. Der Kommissär muß zugeben, daß er keinerlei Beweise gegen Gastmann und für seine Beteiligung an der Ermordung des Polizeioffiziers hat. Siegesbewußt verläßt Gastmann das Haus.

Am Nachmittag informiert Dr. Lutz den Kommissär über sein Gespräch mit Nationalrat von Schwendi. Der Untersuchungsrichter nennt Gastmann „einen Weltmann", der „das volle Vertrauen schweizerischer Unternehmer" genieße. Seine Persönlichkeit stehe über jedem Verdacht: „Über seine zwei Diener werden noch Erkundigungen eingezogen. Sie haben französische Pässe, scheinen jedoch aus Emmental zu stammen. Er hat sich mit ihnen an der Beerdigung einen bösen Spaß geleistet."

Später fahren Bärlach und Tschanz zu dem Schriftsteller nach Schernelz, der ebenfalls ein Teilnehmer der Gesellschaften bei Gastmann war. Tschanz hat unterdessen Schmieds blauen Mercedes auf Abzahlung gekauft. Er will von Bärlach wissen, was es mit der Mappe auf sich habe, die der Kommissär aus Schmieds Wohnung genommen hat. Bärlach antwortet: „Nichts Amtliches . . . nur Privatsache."

Das Gespräch mit dem Schriftsteller ergibt keine neuen Anhaltspunkte in der Mordsache, wenngleich dieser Gastmann zu jedem Verbrechen fähig hält. Auf der Rückfahrt kommt es zu einer Auseinandersetzung zwischen Bärlach und Tschanz. Nach Ansicht von Tschanz gibt es keine andere Möglichkeit mehr, als Gastmann und seine beiden Diener zu verhören. Der Kommissär winkt ab und erinnert an die Anordnung, die Dr. Lutz für die weitere Behandlung des Falles gegeben hat. Tschanz läßt nicht locker und sagt ganz offen, daß er Gastmann für Schmieds Mörder hält. Bärlach widerspricht. Da verliert Tschanz die Geduld:

„Jahrelang bin ich im Schatten gestanden, Kommissär ... Immer hat man mich übergangen, mißachtet, als letzten Dreck benutzt, als besseren Briefträger! ... Und jetzt, da ich einmal eine Chance habe, soll alles wieder für nichts sein, soll meine einmalige Gelegenheit hinaufzukommen in einem blödsinnigen diplomatischen Spiel zugrunde gehen! Nur Sie können das noch ändern, Kommissär ..."

Aber Bärlach gibt nicht nach und kündigt seinem Untergebenen an, er fühle sich „alt und krank" und wolle deshalb eine Woche Krankenurlaub in der Pension machen, in der Tschanz gewohnt habe.

Aus diesem Grunde sucht der Kommissär am Abend seinen Schulfreund Dr. Hungertobel auf. Auf die Frage Bärlachs, ob bei dem Arzt einmal eingebrochen worden sei, bestätigt Hungertobel, daß kürzlich sein Schreibtisch durchwühlt worden ist und die Krankengeschichte des Kommissärs obenauf gelegen hat. Jetzt versteht Bärlach auch die Bemerkung Gastmanns: „Du hast nicht mehr viel Zeit, die Ärzte geben dir noch ein Jahr, wenn du dich jetzt operieren läßt." Hungertobel eröffnet seinem Patienten, daß er sich innerhalb von drei Tagen wegen seines Magenleidens einem Chirurgen anvertrauen müsse. Also hat Bärlach noch 48 Stunden Zeit, um den Fall Schmied zu lösen.

In der folgenden Nacht wird der Kommissär gegen zwei Uhr plötzlich wach. „Er lag nicht im Schlafzimmer, wie es sonst seine Gewohnheit war, sondern in der Bibliothek ..." Er spürt einen Luftzug und bemerkt, daß jemand die Haustüre geöffnet hat und in den Korridor der Wohnung eingedrungen ist. Im Dunkeln beginnt nun ein stiller Kampf zwischen Bärlach und dem Unbekannten. Der Einbruch endet damit, daß der Kommissär dreimal durch das Fenster schießt und seine Nachbarn alarmiert. Sein Gegner schleudert ein als Brieföffner benutztes türkisches Schlangenmesser gegen Bärlach, verfehlt ihn aber und flüchtet.

Erst eine halbe Stunde später benachrichtigt der Kommissär Tschanz über den Vorfall. Vergeblich versucht der Polizeibeamte jetzt, seinen Chef von der geplanten Reise nach

29

Grindelwald abzubringen. Bärlach schickt Tschanz fort und als dieser noch einmal in das Haus an der Aare zurück will, ist die Türe unerwartet verschlossen.

Am nächsten Morgen will Bärlach abreisen. Ohne jedes Gepäck setzt er sich in ein telefonisch herbeigerufenes Taxi, um zum Bahnhof zu fahren. Im Fond des Wagens sitzt Gastmann und der Kommissär begreift, daß er in eine Falle gegangen ist. Gastmann rät ihm, das Spiel aufzugeben: „Es wäre an der Zeit, deine Niederlage einzusehen." Auf Gastmanns erneute Frage, ob der Kommissär immer noch glaube, daß er Schmied getötet habe, sagt Bärlach: „Ich habe keinen Augenblick daran geglaubt." Und er fährt fort: „Es ist mir nicht gelungen, dich der Verbrechen zu überführen, die du begangen hast, nun werde ich dich eben dessen überführen, das du nicht begangen hast." Gastmann versteht, daß er sich möglicherweise in Bärlach doch getäuscht hat. Er droht damit, wenn der Kommissär seine Magenoperation überstehen sollte, werde er ihn töten.

„Du irrst dich", sagt Bärlach. „Du wirst mich nicht töten. Ich bin der einzige, der dich kennt, und so bin ich auch der einzige, der dich richten kann. Ich habe dich gerichtet, Gastmann, ich habe dich zum Tode verurteilt. Du wirst den heutigen Tag nicht mehr überleben. Der Henker, den ich ausersehen habe, wird heute zu dir kommen. Er wird dich töten, denn das muß nun eben einmal in Gottes Namen getan werden."

Der Kommissär verschwindet ungehindert im Bahnhof. Unterdessen bemüht sich Tschanz auf seine Weise, mehr Licht in den Mordfall zu bringen. Er fängt zunächst Schmieds Freundin Anna nach dem sonntäglichen Kirchgang ab und eröffnet ihr, daß er noch heute den Mörder des Polizeileutnants stellen werde. Tschanz fragt Anna, ob sie ihm dann das gleiche sein wolle wie ihrem verstorbenen Bräutigam. Anna stimmt zu und so kann Tschanz in aller Ruhe den letzten Teil seines Planes in die Wirklichkeit umsetzen.
Sein Ziel heißt Lamboing, wo er Gastmann und seine beiden Diener reisefertig antrifft. Gastmann erinnert sich plötzlich der Worte Bärlachs und sagt lachend: „So meinte es der Alte! Nicht ungeschickt, ganz und gar nicht ungeschickt!" Einer der Diener zückt einen Revolver und schießt auf

Tschanz. Der Polizeibeamte reagiert mit seiner Waffe schnell und tötet Gastmann sowie seine zwei Diener.

Nach Abschluß der polizeilichen Untersuchungen erläutert Dr. Lutz dem Nationalrat von Schwendi in der Totenkammer die Hintergründe des Mordfalles Schmied. Man habe bei Gastmann eine Mappe gefunden, die dem Polizeileutnant gehörte. Sie enthalte Angaben über Gastmanns Leben und Vermutungen über dessen Verbrechen. Schmied habe als Privatperson versucht, Gastmann zu stellen und diesen Alleingang mit dem Leben bezahlt. Er sei mit der Waffe getötet worden, die einer der Diener in der Hand gehalten habe, als Tschanz ihn erschoß. Die Untersuchung der Waffe habe dies sofort bestätigt. Als Bärlach allein in der Totenkammer ist, deckt er die Leiche von Gastmann auf: „So trafen sie sich zum letzten Male, der Jäger und das Wild, das nun erledigt zu seinen Füßen lag. Bärlach ahnte, daß sich nun das Leben beider zu Ende gespielt hatte."

Am Abend des selben Tages ist Tschanz zu Gast bei Bärlach. Er ist mit dem Wagen gekommen, obwohl er den linken Arm nach der Schußverletzung in einer Schlinge trägt. Der magenkranke Kommissär verschlingt große Mengen schwerverdaulicher Speisen und Alkohol. Tschanz versteht das alles nicht und Bärlach erklärt ihm: „Ich feiere, daß ich Schmieds Mörder endlich gestellt habe." Er gibt vor, seine Krankheit nur simuliert zu haben und der Polizeibeamte erkennt, daß er durchschaut ist. Bärlach weist ihm Schritt um Schritt nach, daß Tschanz der Mörder Schmieds ist. Nach dem Schußwechsel habe er dem Diener Gastmanns seinen eigenen Revolver in die Hand gedrückt. Tschanz habe selber die fehlenden Indizien geliefert, als er den Bluthund erschoß, der Bärlach beim ersten Besuch in Lamboing anfiel, und zwar mit der selben Waffe, die auch Schmied tötete. Auch habe er sich damit verraten, daß er dem Kommissär mit dem „blauen Charon" eine Komödie vorgespielt habe, denn die Pension Eiger besitze ebenfalls einen blauen Mercedes. Tschanz sei von Grindelwald gekommen und habe Schmied ermordet: „Und nun hast du, was du wolltest: seinen Erfolg, seinen Posten, seinen Wagen und seine Freundin."

Plötzlich begreift Tschanz das ganze Spiel. Er war nur das Werkzeug des Kommissärs, um Gastmann zu töten. Bärlach erklärt ihm:

31

„Mein halbes Leben habe ich hingegeben, Gastmann zu stellen, und Schmied war meine letzte Hoffnung. Ich habe ihn auf den Teufel in Menschengestalt gehetzt, ein edles Tier auf eine wilde Bestie. Aber dann bist du gekommen, Tschanz, mit deinem lächerlichen, verbrecherischen Ehrgeiz, und hast mir meine einzige Chance vernichtet. Da habe ich dich genommen, dich, den Mörder, und ich habe dich in meine furchtbarste Waffe verwandelt, denn dich trieb die Verzweiflung, der Mörder mußte einen anderen Mörder finden. Ich machte mein Ziel zu deinem Ziel."

Weiter berichtet Bärlach, durch von Schwendis Dazwischenkommen sei Tschanz zum Äußersten getrieben worden. Er habe deshalb versucht, in den Besitz von Schmieds Mappe mit den Aufzeichnungen über Gastmann zu gelangen. Auch sei er über die Absicht des Kommissärs beunruhigt gewesen, nach Grindelwald zu fahren: „Alles was ich tat, geschah mit der Absicht, dich in äußerste Verzweiflung zu treiben."

Für Tschanz bricht eine Welt zusammen, als er erfährt, daß Bärlach ihn auf Gastmann gehetzt hat, „Bestie gegen Bestie". Das Spiel vom Richter und seinem Henker ist aufgegangen. Tschanz: „... ich, der ich nur Ihren Willen ausführte, ob ich wollte oder nicht, bin nun ein Verbrecher, ein Mensch, den man jagen wird!" Der Mörder von Schmied, Gastmann und seinen beiden Dienern versucht das Blatt noch einmal zu wenden. Unsicher und tastend macht er eine Bewegung gegen die Rocktasche. Aber der Kommissär warnt ihn, seine Waffe zu benutzen. Dr. Lutz sei informiert und auch die Serviererinnen befänden sich noch im Haus: „Der Fall Schmied ist erledigt. Ich werde dich nicht verraten. Aber geh! Irgendwohin! Ich will dich nie mehr sehen. Es ist genug, daß ich einen richtete. Geh! Geh!", sagt Bärlach.

Tschanz verläßt wie betäubt das Haus. Bärlach bleibt todkrank die ganze Nacht in seinem Lehnstuhl sitzen. Bei Tagesanbruch stürmt der Polizeichef in die Wohnung und berichtet, Tschanz sei zwischen Ligenz und Twann mit seinem Wagen unter einen Zug geraten und tot. Der Kommissär befiehlt, Dr. Hungertobel zu benachrichtigen. Jetzt sei es Dienstag und man könne ihn operieren.

4.2 Personen

a) Kommissär Bärlach

Zentrale Figur in Dürrenmatts „Der Richter und sein Henker"
ist Kriminalkommissär Bärlach. Aus der. Lebensgeschichte
des über sechzigjährigen Beamten erfahren wir gleich zu
Beginn:

> „Bärlach hatte lange im Ausland gelebt und sich in
> Konstantinopel und dann in Deutschland als bekannter
> Kriminalist hervorgetan. Zuletzt war er der Kriminal-
> polizei Frankfurt am Main vorgestanden, doch kehrte er
> schon dreiundreißig in seine Vaterstadt zurück. Der
> Grund seiner Heimreise war nicht so sehr seine Liebe zu
> Bern, das er oft sein goldenes Grab nannte, sondern
> eine Ohrfeige gewesen, die er einem hohen Beamten
> der damaligen neuen deutschen Regierung gegeben
> hatte. In Frankfurt wurde damals über diese Gewalt-
> tätigkeit viel gesprochen, und in Bern bewertete man
> sie, je nach dem Stand der europäischen Politik, zuerst
> als empörend, dann als verurteilungswert, aber doch
> noch begreiflich und endlich sogar als die einzige für
> einen Schweizer mögliche Haltung; dies aber erst fünf-
> undvierzig."

An anderer Stelle heißt es, daß Bärlach zehn Jahre in türkischen Diensten gestanden habe, „um etwas zu reformieren."
Bärlach ist ein alter, ergrauter, soignierter Herr von über
sechzig Jahren, der seine Marotten hat. Er charakterisiert
sich selbst als „großen alten schwarzen Kater, der gerne
Mäuse frißt." Seit seiner Rückkehr in die Schweiz 1933 be-
wohnt er ein Haus an der Aare, „den Fluß, den er liebt".
Das Haus hat keine Klingel und ist stets unverschlossen.
„Es ist immer spannend, heimzukehren und zu sehen, ob
einem etwas gestohlen worden ist oder nicht", sagt er zu
Tschanz. Für ihn ist Bern „eine viel zu kleine Stadt für
Trams und dergleichen". Selbst wortkarg und verschlossen
bevorzugt er den Umgang mit Menschen, die zu schweigen
verstehen, wie etwa den Polizisten Blatter. Als leidenschaftlicher Fußgänger ist ihm schnelles Autofahren verhaßt. Auf
der Fahrt nach Lamboing sagt er zu Tschanz: „Nicht so
schnell ... Nicht, daß ich Angst habe, aber mein Magen ist
nicht in Ordnung. Ich bin ein alter Mann."

Während seiner langen Dienstjahre hat sich der Kommissär unbestritten eine bedeutende Position erarbeitet. So gelingt es ihm auch, mit dem Einsatz seiner ganzen Persönlichkeit, die ermittelnden Behörden zunächst zur Geheimhaltung des Mordfalles Schmied zu veranlassen. Sein Vorgesetzter, Dr. Lutz, ist oftmals anderer Ansicht. Er ist „erschüttert über den vorweltlichen Stand der Verbrecherabwehr der schweizerischen Bundeshauptstadt." Aber der Kommissär ist nicht von seinen Vorstellungen über die Aufdeckung eines Verbrechens abzubringen. Widerwillig äußert Bärlach, daß er im Mordfall Schmied bereits einen Verdacht hege, ohne ihn zu präzisieren. Die Feststellung des Polizeichefs: „... ich weiß, daß Sie immer bereit sind ... einen Fehlgriff gegen die großen Erkenntnisse der modernen wissenschaftlichen Kriminalistik zu beschönigen. Vergessen Sie jedoch nicht, daß die Zeit fortschreitet und auch vor dem berühmtesten Kriminalisten nicht haltmacht", tut er ohne Stellungnahme ab. Später muß sich der Untersuchungsrichter bei Bärlach in gewisser Weise entschuldigen:

„Wir haben uns viel gestritten ... ich war für ausgeklügelte Polizei mit allen Schikanen, am liebsten hätte ich sie noch mit der Atombombe versehen, und Sie, Kommissär, mehr etwas Menschliches, für eine Art Landjägertruppe aus biederen Großvätern. Begraben wir den Streit. Wir hatten beide unrecht, Tschanz hat uns ganz unwissenschaftlich mit seinem bloßen Revolver widerlegt."

Bärlach hat seine eigenen Methoden. Im entscheidenden Augenblick verläßt ihn „die Kühle seiner Vernunft" nicht, wenngleich er „die Notwendigkeit des Handelns vergessen" kann. Vor Gastmanns Haus sieht Bärlach dem Hund „unerschrocken, aber gebannt" in die Augen. „So hatte ihn das Böse immer wieder in seinen Bann gezogen, das große Rätsel, das zu lösen ihn immer aufs neue verlockte."
Der Kommissär folgt einer bestimmten Idee, die er an der Realität zu messen sucht. Er sagt zu Tschanz:

„... mein Verdacht ist nicht ein kriminalistisch-wissenschaftlicher Verdacht. Ich habe keine Gründe, die ihn rechtfertigen ... Ich habe eigentlich nur eine Idee, wer als Mörder in Betracht kommen könnte; aber der, den es angeht, muß die Beweise, daß er es gewesen ist noch liefern... Wenn der, den ich verdächtige, der Mörder ist, werden Sie selbst auf ihn stoßen, freilich im Gegensatz zu mir auf eine einwandfreie wissenschaftliche Weise."

Entscheidend ist für den Kommissär der Zufall und dies wird erstmals klar, als er im Twannbachtal die Revolverkugel findet, mit der Schmied vermutlich getötet wurde. Mehr oder weniger zufällig, doch nicht unvorbereitet, lockt Bärlach auch den Mörder Schmieds aus der Reserve. Beim ersten Besuch in Lamboing hat sich der Kommissär den linken Arm bandagiert, so daß der Hund, von dessen Vorhandensein er weiß, nicht durchbeißen kann. Tschanz schießt auf das Tier und liefert Bärlach damit ein weiteres Indiz: Schmied und der Hund sind mit ein und derselben Waffe erschossen worden. Im Gespräch mit Gastmann zeigt sich, daß sich Bärlach bereits zu Beginn seiner Polizeilaufbahn mit dem Problem „Zufall" auseinandergesetzt hat:

„Deine These war, daß die menschliche Unvollkommenheit, die Tatsache, daß wir die Handlungsweise anderer nie mit Sicherheit voraussagen und daß wir ferner den Zufall, der in alles hineinspielt, nicht in unsere Überlegungen einzubauen vermögen, der Grund sei, der die meisten Verbrechen zwangsläufig zutage fördern müsse. Ein Verbrechen zu begehen nanntest du eine Dummheit, weil es unmöglich sei, mit Menschen wie mit Schachfiguren zu operieren."

Bärlach ist auf seine Art ein Spieler, natürlich mit positiven Absichten, im letzten aber unfair. Er lädt Tschanz zu einer Siegesfeier in sein Haus ein, um dem Polizeibeamten Zug um Zug nachzuweisen, daß er der gesuchte Mörder ist. „Tschanz hörte dem unerbittlichen Schachspieler zu, der ihn mattgesetzt hatte ... Sie haben mit mir gespielt, sagt Tschanz langsam." Bärlach gibt dies zu: „Ich konnte nicht anders. Du hast mir Schmied getötet und nun mußte ich dich nehmen." Aber für ihn ist Tschanz nur Werkzeug seiner Rache gegen Gastmann, eine austauschbare Figur auf dem Schachbrett des Lebens, die auf den König, hier auf die Person Gastmann, angesetzt und dabei selbst geschlagen wird.

Auch die Wette zwischen Gastmann und dem Kommissär ist nichts anderes als ein Spiel, auch wenn Bärlach anfangs nicht glaubte, „daß die Wette einzuhalten einem Menschen möglich wäre." Nach dem Mord in der Türkei vor 40 Jahren muß Bärlach die Herausforderung, das perfekte Verbrechen zu begehen, annehmen. Er verliert alle Spielzüge gegen Gastmann, seine letzte Hoffnung, Schmied, wird ermordet und der Tod wartet nicht. Dennoch gibt Bärlach nicht auf: „Einmal wird es mir gelingen, deine Verbrechen zu beweisen ... Und jetzt ist die letzte Gelegenheit." Auf der Fahrt zum Bahnhof sagt er später zu der Aufforderung Gastmanns, die Niederlage einzusehen: „Unser Spiel ... können wir nicht aufgeben. Du bist in jener Nacht in der Türkei schuldig geworden, weil du die Wette geboten hast ... und ich, weil ich sie angenommen habe." Bis ins Letzte konsequent, läßt er schließlich sein Opfer für ein Verbrechen richten, das von ihm nie begangen wurde. Sein Lebensziel hat Bärlach damit aber nicht erreicht. Gastmanns Verbrechen werden nicht aufgedeckt. Daß Tschanz als der wahre Mörder entlarvt wird, befriedigt den Kommissär nicht mehr, selbst wenn er sich bei der Siegesfeier „nicht mehr krank und zerfallen, sondern mächtig und gelassen (gibt), das Bild einer übermenschlichen Überlegenheit, ein Tiger, der mit seinem Opfer spielt ..." Er weist Tschanz mit der Bemerkung aus dem Haus: „Geh! Es ist genug, daß ich einen richtete."
Auch das kaffkaeske Festmahl ist nichts anderes als ein Ausdruck der eingestandenen Niederlage, ein letztes Aufbäumen gegen das Unabdingliche, den Tod. „Tschanz sah voll Entsetzen nach diesem unheimlichen Schauspiel, das der Todkranke bot." Bärlach ißt pausenlos, „gierig die Speisen dieser Welt in sich hineinschlingend, zwischen den Kiefern zermalmend, ein Dämon, der einen unendlichen Hunger stillte. An der Wand zeichnete sich, zweimal vergrößert, in wilden Schatten seine Gestalt ab, die kräftigen Bewegungen der Arme, das Senken des Kopfes, gleich dem Tanz eines triumphierenden Negerhäuptlings."
Und dies alles, obwohl Bärlach schwer magenkrank ist. Er weiß, daß er nur noch ein Jahr zu leben hat, „wenn Hungertobel gut und richtig schnitt." Die Krankheit hat ihn bereits gezeichnet.

36

„Der Alte streckte sich auf den Diwan, zog die Decke über sich, lag da, hilflos, plötzlich uralt und wie zerfallen ... Tschanz ... blickte auf die graue, liegende Gestalt, auf diesen alten, müden Mann, auf diese Hände, die neben dem zerbrechlichen Leib wie verwelkte Blumen neben einem Toten lagen."

Und doch täuscht dieser Eindruck: „ruhig, undurchdringlich und klar waren Bärlachs Augen." Diese Lebensgier zeigte der alte Mann bereits, als Tschanz versucht, sich in den Besitz der Aufzeichnungen von Schmied zu setzen. Der Kommissär „dachte an nichts mehr, nicht mehr an Gastmann, nicht mehr an Lutz, auch nicht mehr an die Krankheit, die an seinem Leibe fraß, Stunde um Stunde, im Begriff, das Leben zu zerstören, das er nun verteidigte, voll Gier zu leben und nur zu leben." Als ein Schmerzanfall ihn zu Boden zwingt, fragt er sich dennoch: „Was ist der Mensch?"

Überhaupt hat Bärlach ein sehr eigenartiges Verhältnis zum Tod. Er verzichtet darauf, den erschossenen Schmied noch einmal anzusehen, „denn er liebte Tote nicht und ließ sie daher meistens in Ruhe." Auch seinem eigenen Schicksal steht er seltsam gefaßt gegenüber. Dagegen erweist der Kommissär seinem toten Gegenspieler Gastmann die letzte Ehre."

„... noch einmal glitt sein Blick durch die Jahre hindurch, legte sein Geist den Weg durch die geheimnisvollen Gänge des Labyrinths zurück, das beider Leben war. Nun blieb zwischen ihnen nicht mehr als die Unermeßlichkeit des Todes, ein Richter, dessen Urteil das Schweigen ist... Nur e i n Gedanke hatte ihn jahrelang beherrscht; den zu vernichten, der nun im kahlen grauen Raume zu seinen Füßen lag, vom niedergefallenen Gips wie mit leichtem, spärlichen Schnee bedeckt; und nun war dem Alten nichts mehr geblieben als ein müdes Zudecken, als eine demütige Bitte um Vergessen, die einzige Gnade, die ein Herz besänftigen kann, das ein wütendes Feuer verzehrt."

b) Gastmann

Kommissär Bärlachs Gegenspieler ist Gastmann, die Verkörperung des Bösen schlechthin. Er besitzt auf der weiten

37

Ebene des Tessenberges ein Haus, in das immer viele Gäste kommen. Der Polizist von Lamboing hält es für unmöglich, daß Gastmann etwas mit dem Mordfall zu tun hat. Als Tschanz nach seinen Lebensverhältnissen fragt, erfährt er, daß Gastmann „Geld wie Heu" hat und von Beruf „Philosoph" ist — ein Mann, der viel denkt und nicht arbeitet. Er bezahle für ganz Lamboing die Steuern und sei damit für seine Mitbürger der sympathischste Mensch im ganzen Kanton.

Gastmann gibt in regelmäßigen Abständen Abendgesellschaften, zu denen Künstler, Industrielle und Diplomaten eingeladen werden. Nach der genauen Zusammensetzung dieses Zirkels von Untersuchungsrichter Dr. Lutz befragt, legt Nationalrat von Schwendi eine detaillierte Liste vor. Er betont, daß die erste Gruppe als Verdächtige im Mordfall Schmied ausscheidet. Die Industriellen „sind Männer von Klang, Männer, die ich als beste Exemplare der schweizerischen Gesellschaft ansehe." Bei der dritten Kategorie handele es sich „um Angehörige einer fremden Gesandtschaft, die Wert darauf legt, unter keinen Umständen mit einer gewissen Klasse von Industriellen zusammen genannt zu werden."

Dr. Lutz ist mit diesen Erläuterungen nicht zufrieden. Er weiß von offiziellen Verhandlungen mit dieser fremden Macht über ein neues Handelsabkommen. Wozu also die Geheimnistuerei? Der Oberst erklärt weiter:

„Gewiß ... man verhandelt offiziell, die Diplomaten wollen doch etwas zu tun haben. Aber man verhandelt noch mehr inoffiziell, und in Lamboing wird privat verhandelt. Es gibt schließlich in der modernen Industrie Verhandlungen, in die sich der Staat nicht einzumischen hat ..."

Mehr ist über die Gesellschaften in Gastmanns Haus nicht zu erfahren, auch nicht, welche Rolle er in diesen dunklen Geschäften spielt, bei denen es „um Millionen geht". Der Nationalrat behauptet, sein „hochverehrter Klient" habe „menschliches Format". Gastmann sei lange Zeit Gesandter Argentiniens in China und Verwaltungspräsident eines Blech-Trusts gewesen. Verhöre und Schnüffeleien dürften sich nicht gegen einen Mann richten, der es abgelehnt habe, in die Französische Akademie gewählt zu werden.

Dieses auf den ersten Blick durchaus positive Bild trügt. Kommissär Bärlach weiß über Gastmann, „eine fast bäurische Gestalt, ruhig und verschlossen, tiefliegende Augen mit knochigem, aber rundem Gesicht mit kurzem Haar", und seine Vergangenheit mehr. Angelpunkt ihrer lebenslangen Gegnerschaft ist die verhängnisvolle Wette in der verfallenen Judenschenke am Bosporus vor über 40 Jahren. Hier trafen zwei Weltanschauungen aufeinander. Gastmann wollte mit seiner „Moral" die menschliche Unvollkommenheit beweisen:

„Ich ... stellte die These auf, mehr, um zu widersprechen, als überzeugt, daß gerade die Verworrenheit der menschlichen Beziehungen es möglich mache, Verbrechen zu begehen, die nicht erkannt werden könnten, daß aus diesem Grunde die überaus größte Anzahl der Verbrechen nicht nur ungeahndet, sondern auch ungeahnt seien, als nur im Verborgenen geschehen."

Bärlach verliert die „Wette, die wir trotzig in den Himmel hinein hängten." Gastmann stößt den deutschen Kaufmann von der Brücke und das Verbrechen bleibt ungesühnt. Er begründet den Mord damit, daß ihn die „Biederkeit" des Kommissärs versucht habe. Über seine weitere verbrecherische Laufbahn berichtet Gastmann:

„Ich wurde ein immer besserer Verbrecher und du ein immer besserer Kriminalist: den Schritt jedoch, den ich dir voraushatte, konntest du nie einholen ... immer wieder trieb mich die Lust, unter deiner Nase sozusagen immer kühnere, wildere, blasphemischere Verbrechen zu begehen und immer wieder bist du nicht imstande gewesen, meine Taten zu beweisen. Die Dummköpfe konntest du besiegen, aber ich besiegte dich."

Im weiteren verhöhnt Gastmann den Kommissär und seine Beamtenlaufbahn regelrecht. Dagegen habe er ordensübersät im Lichte glänzender Positionen gestanden, „aus Übermut das Gute übend, wenn ich Lust dazu hatte, und wieder aus einer anderen Laune heraus das Schlechte liebend. Welch ein abenteuerlicher Spaß. Deine Sehnsucht war, mein Leben zu zerstören, und meine war es, mein Leben dir zum Trotz zu behaupten. Wahrlich, eine Nacht kettete uns für ewig zusammen." Aber auch Gastmann, so siegessicher er sich gibt, weiß, daß er, wie Bärlach, am Ende ihres Weges sind. Noch ahnt er nichts von dem Spiel des Kommissärs,

ihn nämlich wegen eines Verbechens zu richten, das Gastmann gar nicht begangen hat.
Die polizeilichen Untersuchungen verdichten wiederum das
Bild Gastmanns als Biedermann. Dr. Lutz berichtet Bärlach
über ihn:

> „Gebürtig aus Pockau in Sachsen, Sohn eines Großkauf-
> manns in Lederwaren, erst Argentinier, deren Gesandter
> in China er war – er muß in der Jugend nach Argen-
> tinien ausgewandert sein –, dann Franzose, meistens
> auf ausgedehnten Reisen. Er trägt das Kreuz der Ehren-
> legion und ist durch Publikationen über biologische
> Fragen bekannt geworden. Bezeichnend für seinen
> Charakter ist die Tatsache, daß er es ablehnte, in die
> Französische Akademie aufgenommen zu werden ...
> Gastmann ist ein Weltmann und genießt das volle Ver-
> trauen schweizerischer Unternehmer."

Wesentlich distanzierter sieht der Schriftsteller in Schernelz
über Ligerz seinen Gastgeber. Bereits über die Doppelrolle
Schmied/Dr. Prantl informiert, unterstreicht er gegenüber
Bärlach und Tschanz, daß Gastmann Künstler wie Fliegen
anlocke. Außerdem könne er wundervoll kochen. Dennoch
nennt der Schriftsteller Gastmann einen „schlechten Menschen", der zu jedem Verbrechen fähig ist. „Doch bin ich
überzeugt, daß er den Mord an Schmied nicht begangen
hat." Er ist fasziniert von dem Nihilisten Gastmann:

> „Wenn ich ihn schlecht nenne, so darum, weil er das
> Gute ebenso aus einer Laune, aus einem Einfall tut wie
> das Schlechte, welches ich ihm zutraue. Er wird nie das
> Böse tun, um etwas zu erreichen, wie andere ihre Ver-
> brechen begehen, um Geld zu besitzen, eine Frau zu
> erobern oder Macht zu gewinnen, er wird es tun, wenn
> es sinnlos ist, vielleicht, denn bei ihm sind immer zwei
> Dinge möglich, das Schlechte und das Gute, und der
> Zufall entscheidet ... Man könnte sein Gegenteil im
> Bösen konstruieren, wie man eine geometrische Figur
> als Spiegelbild einer anderen konstruiert ... So denke
> ich mir als Gastmanns Spiegelbild einen Menschen, der
> ein Verbrecher wäre, weil das Böse seine Moral, seine
> Philosophie darstellt, das er ebenso fanatisch täte, wie
> ein anderer aus Einsicht das Gute ... Bei ihm ist das

40

Böse nicht der Ausdruck einer Philosophie oder eines Triebes, sondern seine Freiheit: der Freiheit des Nichts." Gastmann wird für ein Verbrechen gerichtet, das er nicht begangen hat. Der Nihilist scheitert am Zufall, an der menschlichen Unvollkommenheit, personifiziert durch den verbrecherischen Polizisten Tschanz. Die ausgleichende Gerechtigkeit liegt im Irrationalen, im Paradoxen.

c) Tschanz

„Tschanz ist ein Mann, der immer bemüht ist, kriminalistisch auf der Höhe zu bleiben." So sieht Dr. Lutz den Polizeibeamten und deshalb entspricht er gerne der Bitte Bärlachs, ihn zum Stellvertreter des Kommissärs im Mordfall Schmied zu machen.
Bei einem ersten Zusammentreffen mit Tschanz erschrickt Bärlach, „denn im ersten Moment glaubte er, der tote Schmied sei zu ihm gekommen. Tschanz trug den gleichen Mantel wie Schmied und einen ähnlichen Filzhut. Nur das Gesicht war anders; es war ein gutmütiges volles Antlitz."
Doch das Bild täuscht. Hinter dieser Fassade verbirgt sich ein Mensch, der mit seiner Stellung unzufrieden ist und der besonders den ermordeten Polizeileutnant Schmied um seine beruflichen Erfolge beneidet. Auf der Fahrt nach Twann sagt Tschanz: „Schmied hatte reiche Eltern und durfte das Gymnasium besuchen. Das konnte sich unsereiner nicht leisten." Nach dem Besuch bei dem Schriftsteller wird Tschanz, der nicht versteht, warum Bärlach nicht zu Gastmann fahren will, noch deutlicher:
„Wir haben nichts anderes als die Wahrheit zu suchen ... die Wahrheit und nur die Wahrheit, wer Schmieds Mörder ist ... Jahrelang bin ich im Schatten gestanden ... Immer hat man mich übergangen, mißachtet, als letzten Dreck benutzt, als besseren Briefträger."
Der Kommissär bestätigt, daß Tschanz immer unter Schmied gestanden habe, aber er weist die Behauptung zurück: „... nur weil er bessere Schulen besucht hatte, nur weil er Lateinisch konnte." Für Bärlach bleibt Schmied „der beste Kriminalist, den ich je gekannt habe." Diese Feststellung ist, wie sich später herausstellt, natürlich eine bewußte Provokation.

Wie abnorm, voller Minderwertigkeitskomplexe und doch voller Selbstüberzeugtheit Tschanz ist, verdeutlicht auch das Gespräch mit dem Dorfpolizisten von Lamboing. Er will sich den Schriftsteller „vorknöpfen". Denn für ihn sind Schriftsteller „immer dubios, aber ich komme diesen Übergebildeten schon noch bei."

Tschanz überrascht seinen Vorgesetzten mit einer detaillierten Schilderung des Mordfalls, wie er sich nach seiner Ansicht im Twannbachtal ereignet hat. Bärlach gibt Tschanz teilweise recht. So ähnlich müsse es zugegangen sein. Ohne seinen Verdacht zu begründen, fordert er Tschanz auf, den Mörder „auf eine einwandfreie wissenschaftliche Weise" zu stellen. Der Kommissär will auf Indizien warten, die eine Verhaftung rechtfertigen. Er erkennt bereits gewisse Zusammenhänge, hält sich aber zurück und läßt seinen Untergebenen bewußt im unklaren.

Tschanz macht sich weiter verdächtig, als er mit seinem Vorgesetzten über Kerzers-Erlach und nicht über Zollikofen-Biel nach Twann fährt. Er glaubt den „lückenlosen Beweis" zu liefern, daß Schmied mit seinem „blauen Charon" über Kerzers-Ins zu Gastmann gefahren ist. Der Tankstellenwärter bei Erlach weiß nämlich auf Befragen zu berichten, vor zwei Tagen habe ein Mann mit einem blauen Mercedes dort angehalten.

Bei der späteren „Siegesfeier" legt Bärlach die Karten auf den Tisch:

> „... den ersten Beweis hast du mir gegeben, als du mit mir am Freitag über Ins nach Ligerz fuhrst, um mir die Komödie mit dem ‚blauen Charon' vorzuspielen. Schmied fuhr am Mittwoch über Zollikofen, das wußte ich, denn er hielt in jener Nacht bei der Garage in Lyß."

Der Kommissär hatte auch festgestellt, daß Tschanz während seines Urlaubs in Grindelwald den blauen Mercedes der Pension Eiger ausgeliehen hatte:

> „Seit Wochen hattest du Schmied beobachtet, jeden seiner Schritte überwacht, eifersüchtig auf seine Fähigkeiten, auf seinen Erfolg, auf seine Bildung, auf sein Mädchen. Du wußtest, daß er sich mit Gastmann beschäftigte, du wußtest sogar, wann er ihn besuchte, aber du wußtest nicht warum. Da fiel dir durch Zufall auf seinem Pult die Mappe mit den Dokumenten in die

Hände. Du beschlossest, den Fall zu übernehmen und Schmied zu töten, um einmal selber Erfolg zu haben." Bis zu diesen Eröffnungen lieferte Tschanz noch weitere Beweise seiner Schuld. Bevor Bärlach am Abend Gastmanns Haus aufsuchte, umwickelte er sich den Arm mit einer dicken Bandage. Er weiß von dem Bluthund, der ihn möglicherweise anfallen wird. Zugleich geht sein Kalkül auf, daß Tschanz in dieser Situation nach seiner Waffe greift und das Tier erschießt. Die spätere Untersuchung, die heimlich geschieht, ergibt: Schmied und der Hund sind mit ein und derselben Waffe getötet worden. „Du brachtest die Indizien herbei, die ich brauchte. Du hast dich verraten, als du mir das Leben rettetest." Tschanz ist in die ihm gestellte Falle gelaufen. Der Kommissär scheut sich nicht, Tschanz psychologisch mürbe zu machen. Bärlach lockt ihn an den Tatort und Tschanz durchfährt „die Erkenntnis, daß, was ihm jetzt begegnete, auch Schmied begegnet war, bevor er wenige Atemzüge darauf erschossen wurde."

Tschanz geht sein Ziel nach der Ermordung Schmieds konsequent an. Bereits bei der Beerdigung nähert er sich Anna, „ein Mädchen, blaß, ohne Hut, mit blonden Haaren ..." Noch am Abend desselben Tages beobachtet Bärlach von der Praxis seines Freundes Dr. Hungertobel, wie Tschanz und Schmieds Freundin aus einem blauen Mercedes aussteigen. Sie besuchen gemeinsam ein italienisches Restaurant. Kurz vor der vermeintlichen Entlarvung des Mörders zögert Tschanz nicht, Anna zu bitten, ihm „das gleiche zu sein wie ihrem verstorbenen Bräutigam." Auch den Wagen Schmieds, den „blauen Charon", hat er auf Abzahlung gekauft, um die Kopie des erfolgreichen Polizeileutnants zu vervollständigen.

Während der ganzen polizeilichen Ermittlungen bleibt Tschanz bemüht, den Verdacht auf Gastmann zu lenken. Er weiß nicht, daß Bärlach seinen Gegenspieler seit mehr als 40 Jahren kennt. Dagegen ist ihm bekannt, daß Schmied unter dem Decknamen Dr. Prantl Erkundigungen über Gastmann einzog. Für Tschanz gibt es nur eines: nachzuweisen, daß Gastmann ein Motiv für den Mord hatte. Damit wäre er selbst von jedem Verdacht frei. Aber da ist die Mappe, die der Kommissär genommen hat. Sie enthält Aufzeichnungen über Gastmann. Tschanz muß unbedingt in den Besitz der

Unterlagen kommen, um weitere Beweise gegen Gastmann vorlegen zu können. Er bricht bei Bärlach nachts ein, doch ist der Kommissär geistesgegenwärtig genug, sein Vorhaben zu durchkreuzen. Später sagt Bärlach:

„Von Schwendis Dazwischenkommen trieb dich zum Äußersten, du mußtest auf irgendeine Weise Gastmann als Mörder entlarven, jedes Abweichen von der Spur, die auf Gastmann deutete, konnte auf deine führen. Nur noch Schmieds Mappe konnte dir helfen. Du wußtest, daß sie in meinem Besitze war, aber du wußtest nicht, daß sie Gastmann bei mir geholt hatte. Darum hast du mich in der Nacht vom Samstag auf den Sonntag überfallen. Auch beunruhigte dich, daß ich nach Grindelwald ging ... Und wie die Verzweiflung am größten war, gingst du hin nach Lamboing, um irgendeine Entscheidung zu suchen."

Tschanz geht den Weg, der ihm von Bärlach aufgezwungen wird. Mit dem Auto fährt er nach Ligerz und geht von dort zu Fuß nach Lamboing. „Er schritt weiter, ohne zu denken, ohne zu sehen, nur von einem Willen getrieben, von einer Leidenschaft beherrscht." Tschanz erschießt Gastmann und seine beiden Diener, vertauscht die Schußwaffe und glaubt damit das letzte Glied in seine Beweiskette eingefügt zu haben. Der Fall Schmied ist für ihn abgeschlossen und als Belohnung winkt nun endlich die ersehnte Beförderung.

Aber der Mörder hat den „grauenvollen Alten" unterschätzt. „Das Entsetzen umklammerte ihn mit immer stärkeren Armen. Die Erkenntnis seiner Lage kam zu spät, es gab keine Rettung mehr." Tschanz wird von Bärlach als der Täter entlarvt, doch der Kommissär läßt ihm einen Weg offen: den Freitod. Tschanz gerät mit dem „blauen Charon", unweit des Tatortes, zwischen Ligerz und Twann unter einen Zug.

d) Schmied

Der Polizeileutnant Ulrich Schmied ist, wie Tschanz, für Bärlach ein Instrument der Rache im Schachspiel gegen Gastmann, eine Figur, die auf tragische Weise ums Leben kommt. Seine Umgebung zeichnet von ihm ein positives Bild. Frau Schönler, seine Vermieterin, nennt Schmied den

44

„besten Untermieter, den wir je gehabt haben, und nie gab's Geschichten mit Damen oder so." Besonders der Kommissär läßt nichts auf ihn kommen. Er sagt zu Tschanz:

„. . . der war der begabteste. Der war berechtigt, uns alle einzustecken. Er war ein klarer Kopf, der wußte, was er wollte, und verschwieg, was er wußte, um nur dann zu reden, wenn es nötig war. An dem müssen wir uns ein Beispiel nehmen . . . der war uns über."

Dagegen stellt Dr. Lutz lediglich fest: „Er war jung und ehrgeizig."

Schmied kommt aus gutem Elternhaus und seine Vorbildung ermöglichte ihm eine schnelle berufliche Karriere, die den Neid von Tschanz erregte. Der Kommissär hatte Schmied beauftragt, Nachforschungen über Gastmann und seine verbrecherischen Pläne anzustellen. Seine „letzte Hoffnung", Gastmann endlich zu stellen, macht Tschanz zunichte, indem er Schmied ermordet.

Schmied verkehrte unter dem Namen Dr. Prantl bei Gastmann. Über seinen Auftrag wußte niemand, außer dem Kommissär, Bescheid. Der Untersuchungsrichter betont, daß Schmied dienstlich keinerlei Anweisung erhalten hat, unter falschem Namen die Abendgesellschaften in Lamboing zu besuchen. Für Nationalrat von Schwendi folgt daraus, daß der Polizeileutnant für eine fremde Macht spionierte.

Erst die Mappe bringt an den Tag, welche wahren Absichten Gastmann verfolgte. Auch das Motiv für die Ermordung Schmieds liegt damit offenbar auf der Hand. Gastmann befürchtete angeblich, von Schmied entlarvt zu werden. Deshalb ließ er ihn, so Dr. Lutz, von einem seiner Diener erschießen, wie es die Untersuchung der aufgefundenen Waffe beweise.

Nur der Kommissär kennt die Zusammenhänge und er weiß, wer Schmied getötet hat. Selbst nicht fähig, die Wette vom Bosporus einzuhalten, sollte Schmied die Voraussetzungen dafür schaffen, daß Bärlach sein Lebensziel doch noch erreichte. Da aber das Gute (Schmied) im Kampf gegen das Böse (Gastmann) durch ein neues Verbrechen (Tschanz) unterliegt, sucht und findet der Richter einen neuen Henker.

4.3 Kommentar

„Alles verändert die Welt! Nur der Wille, die Welt zu verändern, treibt sie voran. Es hat nichts so sehr die Welt verändert, keine Politik, keine Philosophie, wie die moderne Naturwissenschaft. Jetzt kann man fragen, dachten Faraday oder Maxwell, als sie ihre berühmten Gleichungen aufstellten, daran, ihre Erkenntnisse einmal nutzbringend anzuwenden? Ich glaube das nicht. Ich glaube, das ist nachträglich gekommen. Die Veränderung der Welt kam danach. Vorgängig war die neue Beschreibungsmöglichkeit der Welt, die neue Anwendungsmöglichkeit der Mathematik, die vorher einen eigentlich nur geringen Nutzen hatte — gut, man brauchte sie zum Bauen usw. —, aber plötzlich war die Mathematik etwas total Neues. Sie diente zur Formulierung von Gesetzen, von Naturgesetzen. Dann wurde sie die Sprache der Naturbeschreibung. Und diese Veränderung, daß man plötzlich ein fundamental neues Denken entdeckte, daß die Mathematik das, was die Philosophie immer wollte, wirklich konnte! Es ist doch spannend zu beobachten, daß heute in der Naturwissenschaft Dinge behandelt werden, die früher nur die Philosophie behandelt hat, daß es heute zum Beispiel eine wissenschaftliche Kosmologie gibt — früher gab es nur eine rein spekulative Kosmologie; heute stützt sich die Kosmologie auf Beobachtungen; natürlich kann sie nie beweisen, daß etwas so oder so gewesen sei, in die Vergangenheit kann niemand zurück; aber sie kann Hypothesen aufstellen von gewissen Wahrscheinlichkeiten, die die alten Kosmologien nicht aufzuweisen hatten. Dieses ganz neue Denken, das ich das moderne Denken, das Moderne schlechthin nenne, das mit der Aufklärung beginnt, das hat die Welt ungeheuer verändert. Und so laufen die Veränderungen! Wir wissen nicht, wie wir die Welt verändern! Jeder Gedanke verändert irgendwo die Welt. Nur braucht er nicht mit der Absicht verbunden zu sein, die Welt zu verändern. Es ist wie das Gleichnis in der Bibel mit dem Sämann: ob da etwas entsteht oder nicht, weiß man nicht. Und dieser Anspruch, die Welt mit Absicht verändern zu wollen, führt nur zur Verkrampfung. Jede menschliche Handbewegung verändert etwas. Selbstverständlich ist die Welt veränderbar. Das ist eine Binsenwahrheit — die Welt verändert

sich ja von selbst!" **(aus Dürrenmatt, Friedrich: Gespräch mit Heinz Ludwig Arnold, Zürich 1976, Seite 76 f.)**
„Zufälle sind in Dürrenmatts Werken weniger durch ihre Menge als durch ihren spezifischen Charakter auffällig. Sie sind es schon darum, weil sie (oder jedenfalls viele von ihnen) im höchsten Grade „unwahrscheinlich" sind. Der zufällige Charakter des unwahrscheinlichen Zufalls aber ist offenkundiger als der des wahrscheinlichen (der dadurch nichts von seiner Zufälligkeit einbüßt). Dürrenmatt verleiht seinen Zufällen ihre extreme Unwahrscheinlichkeit, ja „Unglaubwürdigkeit" mit voller Absicht. Er will die Zufälligkeit der unerhörten Sachverhalte nicht verschleiern, sondern ganz im Gegenteil ausdrücklich bewußt machen; er verwendet Zufälle in seinen Werken nicht verschämt und mit schlechtem Gewissen, sondern als ein legitimes Element des Handlungsaufbaus. Die Fähigkeit, Zufälle richtig einzusetzen, erscheint ihm geradezu als eine besondere „Kunst".
Die „Kunst", von der Dürrenmatt hier spricht, ist die Kunst, „in einer Handlung den Zufall möglichst wirksam einzusetzen". Worin besteht diese „Wirksamkeit" des Zufalls? Wie, mit welchen Funktionen setzt der Komödienschreiber seine Zufälle ein, so daß sie „wirksam" werden?
Eine erste Gruppe von Zufällen hat ihren Platz gleich am Anfang einer Handlungseinheit (sei es am Anfang einer Haupthandlung, sei es am Anfang einer Episode): durch eine Begegnung oder einen Fund kommt eine Figur dazu, sich ein Ziel zu setzen, das dann ihr ferneres Verhalten bestimmt. So trifft Päuli Neukomm auf Heini Zurmühl, der die Bank ausrauben will; Schwitter begegnet seiner späteren Frau Olga; Mississippi findet eine Bibel, Saint Claude ein Exemplar des „Kapitals". Von diesen zufälligen Funden und Begegnungen erst datieren die Ziele, Pläne und Konflikte, die den Inhalt eines dramatischen oder epischen Geschehens abgeben.
Eine andere Gruppe von Zufällen beeinflußt nicht die Zielsetzungen, sondern die Möglichkeiten der Figuren, ihre bereits bestehenden Ziele zu realisieren. Die Wirkungsmächtigkeit dieser Zufälle ist unterschiedlich. Drei Grade seien im folgenden voneinander abgehoben:
1. Der ehrgeizige Tschanz findet Schmieds Mappe mit den Gastmann belastenden Dokumenten und erhält damit die

seit langem gesuchte Gelegenheit, sich auszuzeichnen; die aus Güllen verjagte Klara Wäscher trifft in einem Hamburger Bordell mit Zachanassian zusammen, und ihre Haare haben gerade jenen roten Ton, der ihr den Heiratsantrag des Milliardärs und damit die Chance zur Rache einträgt; eine Autopanne und die Überfüllung der Dorfgasthöfe als Folge der Tagung des Kleintierzüchterverbands macht die pensionierten Juristen mit Traps, einem potentiellen Angeklagten mit ihrem Gerichtsspiel, bekannt, usw. Das Gemeinsame dieser Situationen ist deutlich: Der Zufall begünstigt die Verwirklichung eines gesteckten Ziels, aber er garantiert sie darum noch nicht. Was Klara Wäscher und die Pensionäre herbeiwünschen, hat weitere Momente zur Voraussetzung, die kaum als zufällig zu bezeichnen sind: die Dispositionen und Interessen der Mitfiguren, z. B. das Einverständnis des Traps mit dem ihm vorgeschlagenen Abendprogramm — nachdrücklich wird er darauf hingewiesen, daß seine Teilnahme am Spiel nicht die Bedingung der Beherbergung ist, aber „Spiele machen [ihm] Spaß" — wie auch die Bereitschaft Ills, auf die nicht nur von ihm selbst, sondern auch von seinen Mitbürgern und sogar der alten Dame hoch eingeschätzten Rettungschance (die Informierung der Presse) zu verzichten.

2. Doch es gibt wirkungsmächtigere Zufälle: Muheim kommt im rechten Augenblick ins Zimmer und kann darum Nyffenschwander hindern, Schwitter zu töten; der Minister Diego im Mississippi-Stück ist im Gegensatz zu seinem Konkurrenten, dem Außenminister, in der entscheidenden Stunde zur Stelle und erhält so die „Gelegenheit", Regierungschef zu werden; im rechten Augenblick zur Stelle ist auch das babylonische Heer, in dem Nebukadnezars Überlegenheit über die Aufständischen gründet. Abermals begünstigt der Zufall eine Partei, doch diesmal, indem er sie in die Lage setzt, ein gewünschtes Ziel völlig aus eigenen Kräften zu verwirklichen. Andere jenseits des eigenen Handelns liegende Momente sind als Erfolgsbedingungen ausgeschaltet. Dieses Handeln ist freilich unentbehrlich. Nur unter der Voraussetzung des Handelns führt der Zufall zum gewünschten Ausgang. Erst wenn die Figur die gebotene Gelegenheit aktiv ergreift, ist damit auch ihren Gegnern jede Erfolgschance genommen. (Nur weitere Zufälle könnten deren Schicksal abermals wenden). Indem z. B. die

Irrenärztin ihr vermeintlich von Salomo geoffenbartes Wissen nutzt, ist der Mißerfolg der Physiker besiegelt.

Wie Muheim, Diego und die Ärztin reagieren die meisten Figuren auf die Geschenke des Zufalls: durch zweckmäßige Aktivität verwandeln sie das mögliche Gelingen in ein wirkliches. Vom Fabelausgang her betrachtet, bedeutet dies, daß Dürrenmatts Zufälle meist zugunsten der Partei wirken, die ihre Ziele schließlich durchsetzt: Wer im Werk Dürrenmatts vom Zufall gefördert wird, kommt in der Regel zu Gelingen und Sieg. Im Hinblick auf die durch dieselben Zufälle benachteiligten Gegenfiguren läßt sich dieser Sachverhalt auch so formulieren: Dürrenmatts Zufälle verursachen in ihrer Mehrheit nicht bloße Bedrängnisse oder Gefahren, die sich schließlich meistern lassen; vielmehr wird die durch sie gesetzte potentielle Katastrophe, das drohende Unheil, fast immer auch wirklich . . .

3. In allen bisher genannten Situationen läßt der Zufall dem menschlichen Wollen und Tun noch einen Spielraum; die Figuren haben es in der Hand, die ihnen gebotenen „Gelegenheiten" aufzugreifen oder ungenutzt zu lassen. Eine letzte Art des Zufalls, die auf der Skala der Wirkungsmächtigkeit den obersten Platz einnimmt, verringert die Notwendigkeit des Handelns für die betroffenen Figuren und hebt sie unter extremen Bedingungen völlig auf. Das von Piaget gekaufte Bergwerk enthält wider alle vernünftige Erwartung tatsächlich Uran; einige Blitzschläge machen Frau Streuli zu einer reichen Frau; ohne ihr Zutun überlebt Frau Zachanassian als einzige einen Flugzeugabsturz; der Mönch in „Es steht geschrieben" besitzt — eine vermeintliche Folge seiner katholischen Rechtgläubigkeit — ein anhaltendes Glück im Würfelspiel. Immer bemächtigen sich Faktoren, die durch menschliches Handeln unkontrollierbar sind, des Geschehens in einem Grade, daß sie den Ausgang einer Fabel oder einer Episode unabänderlich und unaufhaltsam machen. Zufälle reichen gleichsam an den Ausgang so nahe heran, daß mit ihrem Eintreten die Wünsche und Ziele der Figuren bereits erfüllt sind, ohne daß es weiterer Handlungen bedarf." **(aus: Profitlich, Ulrich: Der Zufall in den Komödien und Detektivromanen Friedrich Dürrenmatts, in: Zeitschrift für deutsche Philologie 1971. Seite 262 ff.)**

„Eine reichlich phantastische Geschichte. Was besagt sie? Es geht um die Verwirklichung des Rechtes; darum, daß

Recht verwirklicht werden muß und daß nichtverwirklichtes Recht kein Recht ist. Die beschriebene Wette betrifft somit die Frage,wie weit es Recht und ob es Recht überhaupt gebe. [Freilich ist eine Präzisierung noch erforderlich: Dürrenmatt läßt Recht und Gerechtigkeit nicht im Verwirklichungsprozeß aufgehen. Er unterscheidet das Postulative oder Normative am Recht vom Prozeß der Rechtsverwirklichung.] Andererseits aber sieht er das zu Unterscheidende wiederum zusammen. Eins gehört in seiner Sicht zum andern, das, was es zu verwirklichen gilt, und die Verwirklichung.

Die Verzweiflung jenes Polizeibeamten, dessen Porträt Dürrenmatt in dem Film „Es geschah am hellichten Tag" zeichnet, und welche in der Romanversion bis zur geistigen Verwirrung dramatisiert wird, die Verzweiflung darüber, daß ein Verbrechen ungeklärt bleibt, wäre ohne die Voraussetzung wirklichkeitsunabhängiger Normen völlig unverständlich. [Ja, es gehört zur Eigenart des Dürrenmattschen Rechtsverständnisses, daß die normative Seite des Rechtes kaum ernsthaft in Frage gestellt wird.] Daß es Normen gibt, von denen aus Gut und Böse unterschieden werden kann und muß, stellt nicht einmal Gastmann in Zweifel. Radikal behauptet allerdings der verbrecherische Schweizer SS-Arzt, Emmenberger, daß es eine sittliche Weltordnung nicht gebe, daß das Ganze des Seienden im Grunde eine sinnlose Ausfaltung materieller Energien sei und daß der Mensch in diesem Chaos als zerstörerisches Element, aus der Lust, seinesgleichen zu quälen, wirke. „Sie glauben an nichts, als an das Recht, den Menschen zu foltern", hält ihm sein Gegenspieler — es handelt sich wieder um Bärlach — vor. Und Emmenberger meint, daß es Gerechtigkeit nicht gebe — wie könnte Materie gerecht sein — daß es nur die Freiheit gebe: [„Die Freiheit ist der Mut zum Verbrechen, weil sie selbst ein Verbrechen ist." Aber gerade an dieser Stelle wird die Inkonsequenz seiner Argumentation sichtbar: Wie könnte Freiheit ein Verbrechen sein, wenn Recht und Gerechtigkeit, an denen menschliches Verhalten gemessen werden könnte, nicht vorausgesetzt werden würden?] Nicht nur, daß Dürrenmatt uns keinen Augenblick in Zweifel bringt, was er von der „Weltanschauung" Emmenbergers hält, er läßt sich Emmenberger selbst widerlegen, der übrigens eifernd bemüht ist, sein grausiges Tun durch einen meta-

50

physischen Glauben zu rechtfertigen. Aus seinem Gegenspieler ein entsprechendes Glaubensbekenntnis herauszulocken, gelingt ihm nicht. Sein eigenes verhallt im Schweigen des alten Bärlach.

Wir gelangen somit zu dem überraschenden Ergebnis, daß für Dürrenmatt Recht und Gerechtigkeit unter dem Aspekt der Normativität unproblematisch ist. Die Problematik der Normerkenntnis kümmert ihn kaum. Im letzten begnügt er sich in theologischer Sicht mit dem Gebot der Nächstenliebe und in philosophisch-moralischer Sicht mit dem Gebot der Mitmenschlichkeit und auf der andern Seite damit, zweifelsfreie Fälle zu demonstrieren: Die Tötung, welche Gastmann vor den Augen Bärlachs vollzieht, ist zweifelsfrei ein Verbrechen; der Sittlichkeitstäter, der kleine Kinder tötet, ist ein Verbrecher, und der Arzt, der seine Patienten foltert, ist ein Verbrecher; das steht außer Diskussion.

So unproblematisch das normative Moment des Rechtes ist, um so [problematischer ist das Moment der Verwirklichung.] Als erste Bedingung der Rechts- und Gerechtigkeitsverwirklichung gilt, wie wir sahen, die Haltung der Selbstbescheidung. Wenn wir vom Geforderten absehen und die Dimension der Verwirklichung in den Blick fassen, müssen wir einsehen, daß Rechtsverwirklichung ohne das Wissen um die Verstrickung ins Unrecht überhaupt nicht möglich ist. Der Gerechtigkeitsfanatiker und derjenige, der das freie Belieben als obersten Wert einsetzt, sie beide sind unter dem Gesichtswinkel der Verwirklichung nicht zu unterscheiden. Verwirrend ist es gerade unter diesem Gesichtswinkel, wenn „im Richter und sein Henker" Rechtsverwirklichung à tort et à travers gefordert wird, wenn uns da ein Mann gegenübersteht, der sich unangefochten durch Zuständigkeitsvorschriften und Anordnungen, wider eine positive Rechtsordnung, welche sich überdies gegen die Todesstrafe ausspricht, zum Herrn und Richter über Leben und Tod aufspielt, der wider den Rechtsschein eine geheime und private Justiz ins Werk setzt. Ist dieser Mann nicht das Musterbeispiel für einen Gerechtigkeitsfanatiker, dem alle Mittel recht sind, der unproblematisch alles einsetzt, um der Gerechtigkeit zum Sieg zu verhelfen?

Von der Eigenständigkeit und Eigentümlichkeit des positiven Rechtes im Verhältnis zum überpositiven Gerechtig-

51

keitspostulate ist im Werke von Dürrenmatt nicht häufig die Rede. Wir wissen, daß die Identifikation von Staat und positivem Recht nicht im Sinne des Schriftstellers liegt, daß andererseits die Notwendigkeit der Staatsordnung und einer gewöhnlichen Gerechtigkeit, d. h. einer willkürfreien, treuen Verwaltung der Welt hervorgehoben wird. Dieser Grundgedanke kehrt im „Richter und sein Henker" wieder. [Das positive Recht, das formelle, wie das materielle Recht, erscheint in erster Linie als Instrument zur Verfolgung der Alltagskriminalität.] Es wird in „dumpfen Amtsstuben", im Rahmen bürokratischer Routine und im Zwielicht opportunistischer Halbheiten zur Anwendung gebracht. Seine Repräsentanten sind der Untersuchungsrichter Lutz, der Vorgesetzte Bärlachs, der einerseits dem Glauben an den technischen Perfektionismus amerikanischer Prägung im Bereiche der Strafverfolgung huldigt, andererseits aber auf politischen und gesellschaftlichen Druck elastisch reagiert, sowie der dicke vielgeschäftige Nationalrat, Anwalt und Oberst von Schwendi, ein wahres Prachtexemplar eines Politikers, der weiß, daß nicht so heiß gegessen wie angerichtet wird, und in bewundernswerter Unverschämtheit idealistische Tirade und ökonomische Interessen verbindet. Nein, eine naive Idealisierung der Dimension des positiven Rechtes kann man Dürrenmatt nicht zum Vorwurf machen. Andererseits aber betrifft die Wette ums Recht dennoch die Dimension des positiven Rechts insofern, als dieses zum Bereich des Öffentlichen gehört und Bärlach die Wette nur gewinnt, wenn er Gastmann öffentlich überführt, wenn er den Schuldbeweis führt. Beweisen heißt hier, für alle sichtbar, offenkundig zu machen, was vielleicht zweien oder dreien bekannt und gewiß war. Was zweien bekannt ist, das ist noch nicht bewiesen. Bärlach weiß als Augenzeuge, daß ein Mord geschehen ist und daß in der Folge noch zahlreiche Verbrechen vollzogen wurden. Aber sein Wissen genügt nicht. Das Recht betrifft eben die Öffentlichkeit und nicht nur intraindividuelle Beziehungen. Aber damit ist die Dürrenmattsche Dialektik noch nicht am Ende. Zwar wird Gastmann öffentlich als Mörder abgestempelt. Aber der Beweis, der die Öffentlichkeit in Gestalt der zuständigen Instanzen überzeugt, ist falsch. Für die Öffentlichkeit ist der Fall erledigt, dem Recht ist lege et arte Genüge getan. Das Eigentliche jedoch bleibt verborgen. Wird damit die Öffent-

52

lichkeit und damit auch die öffentliche positive Rechtsordnung als Dimension des Scheins und der Uneigentlichkeit disqualifiziert?

Bedenken wir die Eigentümlichkeit des Falles noch einmal. Gastmann wird von den alltäglichen Rechtsbrechern unterschieden. Er setzt sich über Gebot und Verbot nicht um eines Vorteils willen hinweg, der ohne Rechtsverletzung nicht erreichbar wäre. Er behauptet prinzipiell die Möglichkeit des folgenden Rechtsbruchs und bestreitet somit die Wirklichkeit des Rechtes. Aber er behauptet nicht nur; er handelt, und zwar im großen Maßstab. Ob seine Behauptung die Wahrheit trifft, erweist sich im Vollzug, wenn man so will: im Experiment.

Wetten haben ihren Ort an der Grenze der Beweisbarkeit. Ich kann nicht beweisen, daß dieser Vogel sich auf diesen Baum setzen wird. Ich kann es behaupten und kann mit einem andern wetten, daß meine Behauptung stimmt. Wir schließen dann einen Vertrag des Inhalts: Jeder verpflichtet sich für den Fall, daß seine Behauptung über das künftige Verhalten des Vogels nicht stimmt, einen Einsatz zu leisten: einen Geldbetrag oder gar den Kopf. Ich kann unter Umständen auch nicht beweisen, daß ich schneller laufen kann als ein anderer. Aber ich kann es behaupten, und ich kann mich mit dem andern auf eine Wette einlassen, die durch ein Wettrennen, einen Wettkampf, ausgetragen wird. Damit sind zwei Grundformen der Wette skizziert. Im einen Fall entscheidet über den Ausgang ein von den Wettenden unabhängiger Vorgang oder Sachverhalt; im andern Fall die Kräfte der Wettkämpfer. In beiden Fällen aber sind sich die Beteiligten über den Ausgang im Ungewissen; in beiden Fällen ist ein Moment der Unberechenbarkeit im Spiel. Zwar sind Nuancen zu unterscheiden. Einmal sprechen massive Vermutungen für diesen oder jenen Ausgang; das andere Mal aber lassen sich überhaupt keine begründeten Vermutungen anstellen. Stets aber gehört zur Wettsituation ein Stück Unberechenbarkeit. Nicht zuletzt darin lieg der Reiz des Wettens. Darin aber ist es auch begründet, daß eine auf Berechenbarkeit eingestellte Rechtsordnung ihre Rechtsschutzeinrichtungen den Wettenden nicht zur Verfügung stellt, daß Wetten der Mißbilligung der billig und ordentlich denkenden Bürger unterliegt. Je größer der Einsatz und je geringer die Berechenbarkeit ist, desto größer die Mißbilligung, welche dem Vorgang zuteil wird. Wer seinen Kopf dafür einsetzt, daß ein gänzlich unberechenbarer Ereignisablauf eintrete, gilt als Frevler. Ernst und Unernst treten in einem solchen Fall in unseren Augen in eine unerträgliche Diskrepanz. Zwar hat auch der gewissenhafte Kaufmann mit Unberechenbarem zu rechnen, aber er sucht sein Risiko zu minimalisieren, während der Wettende das Risiko geradezu provoziert, indem er den Reiz des Unberechenbaren sucht und die Fesseln einer berechenbaren Welt sprengt.

Bärlach und sein Kompagnon befanden sich in einer echten Wettsituation, insofern sie ihre antithetischen Behauptungen nicht zu beweisen vermochten. Ob um der Dummheit der Menschen und der Wirkkraft des Zufalls willen Verbrechen ungeahnt und ungeahndet bleiben oder ob sie eben aus diesem Grunde aufgedeckt werden, ist eine offene Frage. Ob es das Recht in Wirklichkeit gibt — unverwirklich' Recht ist kein Recht —, ist eine offene Frage. Für die eine wie die andere Antwort spricht gleich viel oder gleich wenig. Wer Gewißheit sucht, muß sich auf die Wette in Gestalt eines Wettkampfes einlassen, der eine fürs Recht, der andere dagegen. Die Wettenden empfinden ihre Wette als Ruchlosigkeit, als „eine teuflische Versuchung des Geistes durch den Geist." Worin besteht die Ruchlosigkeit? Wohl nicht einfach darin, daß ein Einsatz ins Ungewisse gewagt wird, sondern darin, daß das Recht selbst zum Gegenstand des Wettens wird, das Recht, das zumindest heute die Wette als unseriöses, leichtfertiges Tun disqualifiziert. Dann aber liegt die teuflische Versuchung des Geistes durch den Geist auch darin, eine Wette abzuschließen, deren Vollzug den Vollzug von Verbrechen erfordert. Als Versucher erscheint nicht etwa der Abenteurer, sondern der biedere Bärlach. „Deine Biederkeit kam nie in Gefahr, versucht zu werden, doch deine Biederkeit versuchte mich. Ich hielt die kühne Wette, in deiner Gegenwart ein Verbrechen zu begehen, ohne daß du imstande sein würdest, mir dieses Verbrechen beweisen zu können." Bärlach hatte die Wette zunächst nicht recht ernstgenommen. „Ich dachte nicht ..., daß diese Wette einzuhalten einem Menschen möglich wäre." In dem Moment, in dem es sich erweist, daß der andere sie hält, daß er einen Unbekannten ohne ein anderes Motiv als das der Wette zu haben, vor seinen

54

Augen umbringt, zieht er sich indessen nicht damit aus der Affäre, daß er die Verbindlichkeit des Wettvertrages bestreitet, daß er sich darauf beruft, er habe lediglich eine Scherzerklärung abgegeben. Nein, er weiß sich durch den Vertrag verpflichtet, sein ganzes Leben dafür einzusetzen, den Wettkampf zu gewinnen. Würde er sie verlieren, so wäre eben erwiesen, daß es kein Recht gibt, daß das Gute und das Böse gänzlich dem Belieben, dem Übermut der Menschen ausgeliefert ist. Gastmann erklärt Bärlach triumphierend, daß er bald im Dunkeln, bald im Licht glänzender Positionen sein Leben gelebt habe „aus Übermut das Gute übend ... und wieder aus einer anderen Laune heraus das Schlechte liebend. Welch ein abenteuerlicher Spaß!" Von ihm wird gesagt, was er von sich selbst sagt, daß er das Gute ebenso aus einer Laune tue wie das Schlechte, daß er das Böse nie tue „um etwas zu erreichen, wie andere ihr Verbrechen begehen, um Geld zu besitzen eine Frau zu erobern oder Macht zu gewinnen", daß er es tue, wenn es sinnlos sei, daß für ihn jederzeit das Gute wie das Böse möglich sei und der Zufall, bzw. seine Laune über die Wahl entscheide. Er wird als ein Mensch charakterisiert, der eine Seite des Bösen verkörpert: „Bei ihm ist das Böse nicht der Ausdruck einer Philosophie oder eines Triebes, sondern seiner Freiheit: der Freiheit des Nichts." Die andere Seite des Bösen verkörpert der bereits erwähnte SS-Arzt Emmenberger, der durch den Trieb zu foltern und zu morden, sowie eine entsprechende Philosophie bestimmt ist, der die Freiheit nicht im Spiel mit den Möglichkeiten, sondern allein in der Notwendigkeit zu quälen und zu vernichten erfährt. Dürrenmatt konfrontiert in seinen zwei Kriminalromanen Bärlach somit den zwei Grundtypen des „radikalen Bösen", die in Gegensatz zu den Typen des trivial Bösen, des zweckbestimmten Bösen gestellt werden. Man könnte einwenden, daß der Ausgang des Wettkampfes zwischen Gastmann und Bärlach aufs Ganze gesehen keinerlei Beweiswert besitze, daß es neben dem einen Fall, in dem Willkür über das Recht siege, unzählige Fälle gebe, in denen das Recht über die Willkür siege, daß die Dunkelziffer des Verbrechens über Bestand und Geltung des Rechtes im ganzen nichts aussage. Diesen Einwand könnte man mit dem Hinweis entkräften, daß in der Geschichte vom Wettkampf nicht die Geschichte von Einzelmenschen, sondern der Widerstreit von Prinzipien, von Ideen, der Rechtsidee und ihrer Antithese gemeint, daß die Individualität der beschriebenen Einzelmenschen angesichts des Allgemeinen, das in ihnen Gestalt findet, nur von untergeordneter Bedeutung sei; und der Ausgang ihres Wettkampfes somit fürs Ganze und allgemein verbindlichen Aussagewert besitzt. Dieser Deutung steht jedoch die Feststellung Bärlachs entgegen: „Ich habe es mit einem wirklichen Gastmann zu tun .... mit einem Menschen, der bei Lamlingen auf der Ebene des Tessenberges wohnt und Gesellschaften gibt, die einem Polizeileutnant das Leben gekostet haben."

Zwar ist Gastmann keine Durchschnittserscheinung, sondern eine „extreme Natur", aber er ist ein wirklicher Mensch, dessen raumzeitliche Existenz nicht zur Folie eines allgemeinen Prinzips abgewertet werden darf. Das gleiche gilt mutatis mutandis für Bärlich. Ihr Wettkampf ist nicht nur Allegorie eines Allgemeinen. Er muß als konkret individueller Vorgang verstanden werden. Er zeigt, daß die Frage nach dem Recht nicht eine Allerweltsfrage, die von einem „Jedermann" beantwortet werden kann, und daß Bestand und Geltung des Rechtes nicht von irgendwelchen kollektiven „Zwängen", Routinen und Gewohnheiten, Institutionen und Organisationen gesichert ist, sondern von Einzelmenschen verantwortet werden muß, und daß er sich nicht dabei beruhigen kann, das Rechte geschehe ja ohne ihn und ohnehin in anderen Fällen, daß es vielmehr in seinem konkreten Fall ums Ganze gehe. Er zeigt ferner, daß die Frage nach dem Recht nicht abstracto und niemals mit „theoretischer Gewißheit" beantwortet werden kann, daß da, wo die biedere Rechtsgläubigkeit aufgebrochen wird, wo die Möglichkeit, daß Willkür statt Recht geschieht, als je gegebene konkrete und eminente Gefahr erfahren wird, allein das Engagement aufs Ungewisse hin die Antwort zu erbringen vermag. Und er zeigt schließlich — und das ist das Wichtigste —, daß derjenige, der sich auf die Wette einläßt, sich zugleich auch auf die Möglichkeiten des Verbrechens einläßt, daß derjenige, der den Wettvertrag schließt und den Kampf aufnimmt, den Willen, den bösen Willen seines Gegenspielers im Grunde mit in seinen eigenen Willen aufnimmt, daß er somit im Kampf fürs Recht ins Unrecht verstrickt ist. Dazu Bärlach: „Unser Spiel ... kön-

56

nen wir nicht aufgeben. Du bist in jener Nacht in der Türkei schuldig geworden, weil du die Wette geboten hast, Gastmann, und ich, weil ich sie angenommen habe." **(aus: Schneider, Peter: Die Fragwürdigkeit des Rechts im Werk von Friedrich Dürrenmatt in: Schriftenreihe der Juristischen Studiengesellschaft, Heft 81, Karlsruhe 1967)**

5. Die Physiker

5.1 Einleitung

Am 7. Dezember 1956 veröffentlicht die Zürcher Zeitung „Die Weltwoche" Dürrenmatts Rezension des Buches „Heller als tausend Sonnen". Der Verfasser, Robert Jungk, beschreibt darin, wie und warum es zum Bau der Atombombe kam, aber besonders, vor welche Probleme die Wissenschaftler gestellt werden, wenn ihnen eine epochemachende Entdeckung gelingt.

Aus diesem Sachbuch schöpft Dürrenmatt für seine Komödie in zwei Akten „Die Physiker". Anders als Jungk, der sich für den Konflikt der Forscher mit der staatlichen Macht interessiert, geht es Dürrenmatt um die Darstellung des Konflikts im menschlichen Raum. Seine Fragestellung lautet: wo liegen Verantwortung und möglicherweise Schuld der Wissenschaftler? Wer ist für den Frieden in unserer technischen Welt verantwortlich?

In seiner Dankrede für die Verleihung des Kriegsblinden-Preises erklärte Dürrenmatt 1957:

> „Die ungeheuren Aufgaben, vor denen die Welt steht und die allen sichtbar sind, werden ständig durchkreuzt von Machtfragen, Dogmen, Nationalismen, das politische Denken geht meistens nach. Doch von jedem einzelnen aus gesehen, vom Einzelmenschen aus, nimmt der Friede ein noch anderes Gesicht an, sein wahrstes: Er wird zum Alltag, zur Sorge um das tägliche Brot, er wird zur Bühne, auf der sich das menschliche Leben normalerweise abzuspielen hat, als Komödie, als Tragödie, meistens aber als ein recht mäßiges und spannungsloses Drama, bei dem es kein Davonlaufen gibt." (Theater-Schriften und Reden S. 47).

Der Friede ist für Dürrenmatt etwas „Inkommensurables" und „nur im Privaten kann die Welt auch heute noch in Ordnung sein und der Frieden verwirklicht werden." Auf die Realität bezogen wird das friedliche Leben damit zu einem Theaterstück, in dessen Mittelpunkt die Auseinandersetzung der Menschen mit den „Funktionen einer ewig geheimnisvollen Urkraft" steht. In der Betrachtung „Vom Sinn der Dichtung in unserer Zeit" schreibt Dürrenmatt:

„Die Physik, die Naturwissenschaft ist durch ihre notwendige Verbindung mit der Mathematik weitgehend dem Verständnis des Nichtphysikers entrückt, d. h. dem Verständnis der überwiegenden Anzahl der Menschen. Das wäre nicht schwerwiegend, wenn die Naturwissenschaften in sich abgeschlossen, ohne Wirkung nach außen blieben. Das aber ist keineswegs der Fall. Im Gegenteil, sie schleudern immer neue Möglichkeiten in die Welt, Radar, Fernsehen, Heilmittel, Transportmittel, elektronische Gehirne usw. Der Mensch sieht sich immer gewaltiger von Dingen umstellt, die er zwar handhabt, aber nicht mehr begreift. Dazu kommt, daß der Friede vorläufig nur deshalb besteht, weil es Wasserstoff- und Atombomben gibt, die für den unermeßlich größten Teil der durch sie bedrohten wie auch bewahrten Menschheit vollends unverständlich sind ... Was soll der Schriftsteller tun? Zuerst hat er zu begreifen, daß er in dieser Welt zu leben hat. Er dichte sich keine andere, er hat zu begreifen, daß unsere Gegenwart auf Grund der menschlichen Natur notwendigerweise so ist. Das abstrakte Denken des Menschen, die jetzige Bildlosigkeit der Welt, die von Abstraktheiten regiert wird, ist nicht mehr zu umgehen. Die Welt wird ein ungeheurer technischer Raum werden oder untergehen. Alles Kollektive wird wachsen, aber seine geistige Bedeutung einschrumpfen. Die Chance liegt allein noch beim einzelnen. Der einzelne hat die Welt zu bestehen. Von ihm aus ist alles wieder zu gewinnen." (Theater-Schriften und Reden, S. 59, 63).

Der einzelne ist in „Die Physiker" der Wissenschaftler Johann Wilhelm Möbius. Sein Schicksal in der Irrenanstalt „Les Cerisiers" führt die Hoffnung des Autors, daß die Welt durch einsichtige Individuen gesunden kann, zunächst ins Leere. Möbius versucht durch Eigenverzicht die Welt zu retten und scheitert letztlich in tragischer Weise an den größenwahnsinnigen Praktiken „einer alten, buckligen Jungfrau." Das Opfer des einzelnen ist heute sinnlos. Daraus folgt: „Was alle angeht, können nur alle lösen." (Punkt 17 der Thesen zu „Die Physiker".)

Bleibt noch die Frage zu klären, warum Dürrenmatt für „Die Physiker", ein so ernstes Thema, gerade die Bezeichnung „Komödie" gewählt hat. In seiner „Dramaturgie des Theaters, des Hörspiels und des Films" stellt Gottfried Müller grundsätzlich fest:

„Die Komödie hält dem Zuschauer einen Spiegel des Alltags vor und zeigt ihm seine eigenen Fehler und Lächerlichkeiten. Shakespeares, Calderons, Lope de Vegas, Goldinis und Molières Komödien sind nach Meander, Aristophanes, Plautus und Terenz die heiteren Sittenschilderer des Alltags. Nach Auffassung des deutschen Idealismus müßte man die Komödie über die Tragödie stellen. Denn erstens erfüllt sich das Leben innerhalb der Handlung. Zweitens gibt der Komödiendichter allgemein gültige Typen und Situationen, während die Tragödie Einzelhandlungen der Fabel oder Geschichte behandelt. Die Komödie ist immer ein Urbild, dessen Züge sich auf jeden Zuschauer und jede Lebenssituation anwenden lassen. Die Tragödie ist immer die Schilderung eines Einzelfalles. Der Tragödiendichter braucht nur ein Dichter zu sein, der Komödiendichter muß aber auch ein Weiser sein. Er benötigt ... große Lebenserfahrung." (Seite 53 f.)

Derselbe Autor zitiert aus einem Gespräch zwischen Hugo von Hofmannsthal und Carl J. Burckhardt:

„Kennen Sie (Burckhardt) das Wort von Novalis: ‚Nach verlorenen Kriegen muß man Komödien schreiben!' Die Komödie ist die schwerste der literarischen Formen. Sie drückt alle Dinge aus, bis zu den schrecklichsten, denen sie ihr ganz besonderes Gleichgewicht auferlegt, das Gleichgewicht der vollkommen ihrer selbst sicheren Form, die immer den Eindruck der Leichtigkeit des Spiels gibt." (a. a. O.)

Dürrenmatt teilt die Auffassung von Hardenbergs. Aus seiner Feder stammt auch die Feststellung: „Eine Geschichte ist dann zu Ende gedacht, wenn sie ihre schlimmstmögliche Wendung genommen hat." In den „Theater-Schriften und Reden" hat Dürrenmatt seinen Standpunkt klar definiert:

„... die Aufgabe der Kunst, soweit sie überhaupt eine Aufgabe haben kann, und somit die Aufgabe der heutigen Dramatik ist, Gestalt, Konkretes zu schaffen. Dies vermag vor allem die Komödie. Die Tragödie, als die gestrengste Kunstgattung, setzt eine gestaltete Welt voraus. Die Komödie — sofern sie nicht Gesellschaftskomödie ist wie bei Molière — eine ungestalte, im Werden, im Umsturz begriffene, eine Welt, die am Zusammenpacken ist wie die unsrige. Die Tragödie überwindet die Distanz ... Die Komödie schafft Distanz ... Das Mittel nun, mit dem die Komödie Distanz schafft ist der Einfall. Die Tragödie ist ohne Einfall ... Die Tragödie setzt Schuld, Not, Maß, Übersicht, Verantwortung voraus ... Wir sind zu kollektiv schuldig, zu kollektiv gebettet in die Sünden unserer Väter und Vorväter. Wir sind nur noch Kindeskinder. Das ist unser Pech, nicht unsere Schuld: Schuld gibt es nur noch als persönliche Leistung, als religiöse Tat. Uns kommt nur noch die Komödie bei. Unsere Welt hat ebenso zur Groteske geführt wie zur Atombombe, wie ja die apokalyptischen Bilder des Hieronymus Bosch auch grotesk sind."
(a. a. O., S. 120 ff.)

Dürrenmatt will Distanz, um die Wirkung seiner Aussage zu verstärken:

„Durch den Einfall, durch die Komödie wird das anonyme Publikum als Publikum erst möglich, eine Wirklichkeit, mit der zu rechnen, die aber auch zu berechnen ist. Der Einfall verwandelt die Menge der Theaterbesucher besonders leicht in eine Masse, die nun angegriffen, verführt, überlistet werden kann, sich Dinge anzuhören, die sie sonst nicht so leicht anhören würde. Die Komödie ist eine Mausefalle, in die das Publikum immer wieder gerät und immer noch geraten wird."
(a. a. O., S. 92 ff.)

Eine solche „Mausefalle" sind „Die Physiker."
In seinen 21 Punkten zu den „Physikern" stellt Dürrenmatt als erstes fest: „Ich gehe nicht von einer These, sondern von einer Geschichte aus". Geschichte leitet sich von „geschehen" ab und weist damit eindeutig auf etwas Vergangenes. Im modernen Sprachgebrauch wird mit dem Begriff das

in der Vergangenheit zuständlich Gewesene oder tatsächlich Geschehene bezeichnet, aber auch die forschende, darstellende Bemühung um eben diese Vergangenheit. So sieht wenigstens der Historiker seine Aufgabe. Der Künstler schlechthin fühlt sich berufen, entweder ein genaues Abbild vom Geschehen seiner Zeit zu geben oder er versucht, entsprechend seiner Phantasie und seinem gesellschaftspolitischen Auftrag, Vergangenes in die Gegenwart zu projezieren.

Als „Geschichte" greift Dürrenmatt Ereignisse aus den Jahren 1938 bis 1945 auf, den Wettlauf um den Besitz der Atombombe. Dieses „Geschehen" ist der „Stoff". Er ist an bestimmte Figuren gebunden, vorgangmäßig, zeitlich und räumlich mehr oder weniger fixiert. Aus diesem starren Schema löst sich Dürrenmatt aber bewußt. Er wählt dafür die Form der Komödie, um die nötige Distanz zu haben und rückt „seine Geschichte" vom Geschehenen auf eine neue Ebene zwischen Realität und Illusion.

Vor diesem Hintergrund der künstlerischen Absicht sind auch die auftretenden Personen in den „Physikern" zu sehen. Sie sind irreal, ihre Aussagen aber, wenn nicht gerade den Lebensumständen — hier einer Irrenanstalt — angepaßt, durchaus real. In diesem Vexierspiel liegt für Dürrenmatt der Reiz, Geschichte zu verfremden und doch zu einer neuen Wahrheit zu kommen.

Memento

Herbst 1938   Der deutsche Chemiker Otto Hahn und sein Mitarbeiter Straßmann weisen auf der Basis von Vorarbeiten der französischen Wissenschaftlerin Joliot-Curie die Spaltung von Uran und Thorium in mittlere Elemente nach.

1. Sept. 1939   Ausbruch des Zweiten Weltkrieges.

11. Okt. 1939   Brief Albert Einsteins an US-Präsident Roosevelt — von emigrierten Physikern verfaßt — mit

der Bitte, gegenüber der belgischen Regierung zur Sicherstellung des Kongo-Uran vor deutschem Zugriff zu intervenieren, sowie der Bitte um finanzielle Unterstützung und Beschleunigung der Atomforschung.

1942 Der italienische Physiker Enrico Fermi entdeckt die Kernumwandlung durch Bestrahlung mit Neutronen. Er setzt in Chikago den ersten Kernreaktor in Betrieb.

Juli 1943 Robert Oppenheimer wird Leiter des „Manhattan Project". Deutsche Versuche — unter Heisenberg und Bothe — mit Uran sind zunächst erfolgversprechend, führen jedoch in Folge Materialmangels nicht weiter.

16. 7. 1945 Explosion der ersten amerikanischen Uranbombe auf einem Versuchsgelände bei Los Alamos in New Mexico (USA)

6. 8. 1945 Abwurf einer Uran-Bombe auf die japanische Stadt Hiroshima; nach endgültiger Zählung: 260 000 Tote, 163 263 Verletzte und Vermißte.

9. 8. 1945 Abwurf einer Plutonium-Bombe auf die japanische Stadt Nagasaki; etwa 36 000 Tote und 40 000 Verletzte.

1949 Im August wird der erste Atom-Sprengtest der Sowjetunion registriert.

Mai 1951 Amerikanischer Kern-Test auf dem Eniwetok-Atoll. In einer explosionsartig verlaufenden Kernverschmelzung verbinden sich Deuterium und Tritium.

1. 11. 1952 Ein weiterer Versuch dieser Art führt zur Vernichtung der kleinen Insel Elugaleb.

12. 8. 1953   detoniert der erste thermo-nukleare Sprengkörper in der Sowjetunion.

1. 3. 1954   Wasserstoffbomben-Test der USA auf dem Bikini-Atoll. Die freigewordene Energie betrug etwa 15 Mill. Tonnen herkömmlichen Sprengstoffs.

26. 3. 1952   Weitere H-Bomben-Versuche der USA in diesem Gebiet
April/Mai

1954 u. 1955
13. 12. 1961   Erster französischer Kernwaffentest in der Sahara.

16. 10. 1964   Wissenschaftler der Volksrepublik China zünden im Westen des Landes die erste Atomladung.

18. Mai 1974   In der Wüste Rajastan explodiert der erste Atomsprengsatz Indiens.

5.2 Dürrenmatts 21 Punkte zu den Physikern

1.
Ich gehe nicht von einer These, sondern von einer Geschichte aus.
2.
Geht man von einer Geschichte aus, muß sie zu Ende gedacht werden.
3.
Eine Geschichte ist dann zu Ende gedacht, wenn sie ihre schlimmstmögliche Wendung genommen hat.
4.
Die schlimmstmögliche Wendung ist nicht voraussehbar. Sie tritt durch Zufall ein.
5.
Die Kunst des Dramatikers besteht darin, in einer Handlung den Zufall möglichst wirksam einzusetzen.

64

6.
Träger einer dramatischen Handlung sind Menschen.
7.
Der Zufall in einer dramatischen Handlung besteht darin, wann und wo wer zufällig wem begegnet.
8.
Je planmäßiger die Menschen vorgehen, desto wirksamer vermag sie der Zufall zu treffen.
9.
Planmäßig vorgehende Menschen wollen ein bestimmtes Ziel erreichen. Der Zufall trifft sie dann am schlimmsten, wenn sie durch ihn das Gegenteil ihres Ziels erreichen: Das, was sie befürchten, was sie zu vermeiden suchten (z. B. Oedipus).
10.
Eine solche Geschichte ist zwar grotesk, aber nicht absurd (sinnwidrig).
11.
Sie ist paradox.
12.
Ebensowenig wie die Logiker können die Dramatiker das Paradoxe vermeiden.
13.
Ebensowenig wie die Logiker können die Physiker das Paradoxe vermeiden.
14.
Ein Drama über die Physiker muß paradox sein.
15.
Es kann nicht den Inhalt der Physik zum Ziele haben, sondern nur ihre Auswirkung.
16.
Der Inhalt der Physik geht die Physiker an, die Auswirkung alle Menschen.
17.
Was alle angeht, können nur alle lösen.
18.
Jeder Versuch eines Einzelnen, für sich zu lösen, was alle angeht, muß scheitern.
19.
Im Paradoxen erscheint die Wirklichkeit.

20.
Wer dem Paradoxen gegenübersteht, setzt sich der Wirklichkeit aus.
21.
Die Dramatik kann den Zuschauer überlisten, sich der Wirklichkeit auszusetzen, aber nicht zwingen, ihr standzuhalten oder sie gar zu bewältigen.

5.3 Handlung (1. Akt)

Ort des Geschehens ist das private Sanatorium „Les Cerisiers", eine Irrenanstalt in einer mittleren, beinahe kleinen Stadt, umgeben von blauen Gebirgszügen, bewaldeten Hügeln und an einem See von beträchtlicher Größe gelegen. Die „Prominenten und nicht immer angenehmen Patienten" leben in einem eleganten, lichten Neubau. Dort wird für viel Geld „auch die bösartigste Vergangenheit ein reines Vergnügen." In der „Villa", dem Altbau, wohnen drei Patienten, „zufälligerweise Physiker, oder doch nicht ganz zufälligerweise, man wendet humane Prinzipien an und läßt beisammen, was zusammengehört." Die Männer „leben für sich, jeder eingesponnen in seine eingebildete Welt, nehmen die Mahlzeiten im Salon gemeinsam ein, diskutieren bisweilen über ihre Wissenschaft oder glotzen still vor sich hin, namenlose, liebenswerte Irre, lenkbar, leicht zu behandeln und anspruchslos."
Doch das Bild, das die Musterpatienten abgeben, entspricht nicht den Tatsachen. Einer von ihnen erdrosselte vor drei Monaten eine der Pflegerinnen und nun hat sich der gleiche Vorfall wiederholt. Die Polizei ist wieder im Hause, um die Untersuchungen aufzunehmen. Im Salon deutet alles darauf hin, daß ein Kampf stattgefunden hat. Das Mobiliar ist durcheinandergeraten.
Eine Krankenschwester liegt „in tragischer und definitiver Stellung auf dem Parkett". Es ist nachmittags kurz nach halb fünf. Im Hintergrund drei mit schwarzem Leder gepolsterte Türen, die von einer kleinen Halle in die Krankenzimmer der

66

Physiker führen. Die Türen sind von eins bis drei numeriert. Aus dem Zimmer Nr. 2 dringt Geigenspiel mit Klavierbegleitung. Beethoven, Kreutzersonate. Links befindet sich die Parkfront, die Fenster sind hoch und reichen bis zum Parkett herunter. An den Seiten der Fensterfront befinden sich Vorhänge. Eine Flügeltüre führt auf eine Terrasse.

In dieser Umgebung versuchen Kriminalinspektor Richard Voß und seine Beamten das Verbrechen aufzuklären. Voß fragt die anwesende Oberschwester Marta Boll, ob er rauchen dürfe. Die Schwester verneint dies und auch die Bitte nach einem Schnaps weist sie zurück: „Sie befinden sich in einer Heilanstalt". Auf Befragen des Kommissars gibt sie nähere Auskunft über die Ermordete. Schwester Irene Straub war 22 Jahre alt und stammte aus Kohlwang. Sie wurde von Ernst Heinrich Ernesti — „Wir nennen ihn Einstein" — mit der Schnur der Stehlampe erdrosselt. Voß meint, es sei unverantwortlich, die Irren von Schwestern pflegen zu lassen. Bereits vor drei Monaten habe ein Herbert Georg Beutler, der sich für den Physiker Newton halte, die Pflegerin Dorothea Moser umgebracht. Mit männlichem Personal wäre so etwas doch nie vorgekommen. Oberschwester Boll widerspricht dem Kriminalinspektor: „Dorothea Moser war Mitglied des Damenringvereins und Schwester Irene Straub Landesmeisterin des nationalen Judoverbandes."

Voß möchte den Täter vorgeführt bekommen. Diese Forderung lehnt die Oberschwester ab. Herr Ernesti, der kein „Kerl", sondern ein kranker Mensch sei, müsse erst musizieren, um sich zu beruhigen: „Und weil er sich für Einstein hält, beruhigt er sich nur, wenn er geigt." Um seine Untersuchungen voranzutreiben, verlangt nun Voß nach der Chefärztin, Fräulein Dr. h. c. Dr. med. Mathilde von Zahnd. Aber auch das geht nicht. „Fräulein Doktor begleitet Einstein auf dem Klavier. Einstein beruhigt sich nur, wenn Fräulein Doktor ihn begleitet." Der Inspektor ist außer sich. Vor drei Monaten habe Dr. von Zahnd nach dem Mord mit Newton zur Beruhigung Schach spielen müssen. Darauf gehe er jetzt nicht mehr ein. Oberschwester Boll vertröstet Voß, bis er sich bereit erklärt, auch diesmal zu warten. Er setzt sich erschöpft auf einen der Sessel. Unterdessen wird die Leiche der Krankenschwester durch den Park in die Kapelle transportiert. Das Geigenspiel geht weiter.

Da kommt aus Zimmer Nr. 3 Herbert Georg Beutler — in einem Kostüm des beginnenden Achtzehnten Jahrhunderts mit Perücke. Er stellt sich dem Polizeibeamten als Sir Isaak Newton vor und fragt Voß nach dem Grund der Unruhe. Mit Bedauern, aber auch voller Vorwurf, nimmt Beutler-Newton zur Kenntnis, daß die Landesmeisterin im nationalen Judoverband von Ernesti-Einstein mit der Lampenschnur erdrosselt worden ist. Im weiteren Verlauf des Gesprächs erinnert Voß Beutler daran, daß er ja selbst vor drei Monaten eine Krankenschwester mit der Vorhangkordel erdrosselt habe. Beutler-Newton antwortet, das sei doch etwas anderes, denn schließlich sei er nicht verrückt. Er habe Dorothea Moser geliebt wie sie ihn: „Das Dilemma war nur durch eine Vorhangkordel zu lösen." Seine Aufgabe bestehe darin, über die Gravitation nachzudenken, nicht ein Weib zu lieben. Dazu komme noch der enorme Altersunterschied. Voß ist nun überzeugt, daß er einen Geisteskranken vor sich hat und bemerkt verständnisvoll, Beutler-Newton müsse ja weit über zweihundert Jahre alt sein. Daraufhin vertraut Beutler-Newton dem Inspektor sein Geheimnis an: Er sei nicht Sir Isaak, sondern gebe sich nur als Newton aus, um Ernesti nicht zu verwirren, der wirklich krank sei und sich einbilde, Albert Einstein zu sein. Dabei sei er, Beutler, der berühmte Physiker und Begründer der Relativitätstheorie, geboren am 14. März 1879 in Ulm.

Beutler-Newton bietet nun dem völlig verwirrten Inspektor an, ihn beim Vornamen Einsteins zu nennen, nämlich Albert. Voß geht auf diesen Vorschlag ein. Beutler meint, der Polizeibeamte sei in die Villa gekommen, um ihn zu verhaften, „weil ich die Krankenschwester erdrosselt oder weil ich die Atombombe ermöglicht habe." An einem Beispiel aus der Elektrizitätslehre macht er Voß klar, daß heute jeder eine Glühbirne zum Leuchten oder eine Atombombe zur Explosion bringen könne. Die daraus resultierende Konsequenz mache Voß zum Kriminellen. Voller Ironie schlägt Beutler vor, der Inspektor möge sich selber verhaften, und verschwindet in sein Zimmer.

Voller Wut und entgegen dem Gebot der Hausordnung: „Hier dürfen nur die Patienten rauchen und nicht die Be-

68

sucher. Sonst wäre gleich der ganze Salon verpestet" — zündet sich Voß eine Zigarre an. Aus Zimmer Nr. 2 erscheint nun Fräulein Doktor Mathilde von Zahnd. Sie ist verwachsen, etwa 55 Jahre alt, trägt einen weißen Ärztekittel, um den Hals ein Stethoskop. Der Inspektor fragt sie zunächst, wen das Porträt über dem Kamin darstelle. Vor drei Monaten habe dort ein anderes Bild gehangen. Fräulein von Zahnd berichtet, daß es sich um ihre Verwandten, Geheimrat August von Zahnd und den Kanzler Joachim von Zahnd handele. Voß fragt nach Ernesti. Er habe sich nach seinem Geigenspiel beruhigt: „Er warf sich aufs Bett und schlief ein. Wie ein glücklicher Bub." Auch Fräulein Doktor zündet sich eine Zigarette an, um ihre Nerven nach dem Tode der Schwester Irene, „ein blitzsauberes, junges Ding", zu beruhigen. Die Ärztin bemerkt, daß sich Beutler-Newton im Salon aufgehalten hat und fragt den Inspektor, ob er sich mit ihm unterhalten habe. Voß eröffnet Fräulein von Zahnd, Newton halte sich in Wirklichkeit für Albert Einstein. Die Verblüffung wächst. „Das erzählt er jedem. In Wahrheit hält er sich aber doch für Newton", sagt die Ärztin.

Voß moniert im weiteren die ungenügenden Sicherheitsmaßnahmen in „Les Cerisiers". Er muß sich sagen lassen, daß zwischen einer Heilanstalt und einem Zuchthaus doch ein Unterschied bestehe. Mörder könne man schließlich auch nicht einsperren, bevor sie nicht straffällig geworden seien. Auch das Argument des Inspektors, es handele sich nicht um Mörder, sondern um Verrückte, die jederzeit morden können, weist Fräulein von Zahnd mit Hinweisen auf Fortschritte in der modernen Medizin zurück. Heute sei es möglich, gefährliche und ungefährliche Patienten zu unterscheiden. Voß wirft ein, daß dies wohl nicht auf Beutler und Ernesti zutreffe.

Dieses Gespräch wird kurz von dem „Täter, der sich für Einstein hält", Ernesti gestört. Die Ärztin macht den Inspektor auf gewisse Ähnlichkeiten zwischen Beutler und Ernesti aufmerksam, der vor zwei Jahren in die Anstalt eingeliefert wurde. Beide seien Kernphysiker, die radioaktive Stoffe untersucht hätten, beide seien wahnsinnig geworden und hätten in der Folge Krankenschwestern erdrosselt. Eine krankhafte Veränderung des Gehirns sei leider nicht auszuschließen. Dagegen sei der dritte Patient, Johann

Wilhelm Möbius, ebenfalls ein Physiker, harmlos. Er habe auch nichts mit Radioaktivität zu tun gehabt: „Er ist seit fünfzehn Jahren hier ... und sein Zustand blieb unverändert."

Voß wiederholt die Forderung des Staatsanwaltes, Pfleger in „Les Cerisiers" einzusetzen. Fräulein von Zahnd gibt nach und der Inspektor entfernt sich in der Hoffnung, sobald nicht wieder die Villa aufsuchen zu müssen. Anschließend teilt die Ärztin der Oberschwester mit, sie müsse mit einer Tradition von „Les Cerisiers" brechen. Nunmehr übernähmen Pfleger die Arbeit in der Villa. Marta Boll fügt sich nur widerwillig in diese Entscheidung. Sie übergibt Fräulein von Zahnd die Krankengeschichte Möbius und führt dann Frau Rose und ihre drei Kinder, sowie den Missionar Rose in den Salon. Frau Rose ist die geschiedene Frau des Physikers Möbius. Sie hat vor drei Wochen, „vielleicht etwas eilig", den Missionar geheiratet. Bevor sie mit ihm und ihren Jungens nach den Marianen im Stillen Ozean reist, wo der Missionar eine Station seiner Kirche übernimmt, will sie sich von ihrem früheren Mann verabschieden. Die Kinder sollen vor der Abreise ihren Vater kennenlernen und „vielleicht für immer Abschied nehmen."

Frau Rose erkundigt sich nach dem Gesundheitszustand ihres früheren Mannes und erfährt durch Fräulein von Zahnd: „Unser guter Möbius macht weder Fort- noch Rückschritte ... Er puppt sich in seine Welt ein." Auch die Frage, ob ihm immer noch König Salomo erscheine, bejaht die Ärztin. Möbius sei über die Scheidung informiert, interessiere sich aber kaum mehr für die Außenwelt.

Frau Rose schildert nun den Verlauf ihrer Ehe und betont, daß sie die Unterbringungskosten für Möbius nicht mehr aufbringen könne. Dies sei umso schwerer, als ihr neuer Mann selbst sechs Kinder mit in die Ehe gebracht habe. Die Befürchtung, Möbius werde jetzt sicher in einer staatlichen Heilanstalt interniert, zerstreut Fräulein von Zahnd: „Er hat sich eingelebt und liebe, nette Kollegen gefunden. Ich bin schließlich kein Unmensch."

Aus Zimmer Nr. 1 kommt Möbius, „ein vierzigjähriger, etwas unbeholfener Mensch." Nur noch schwach erinnert er sich

70

an seine Frau Lina und ist sehr erstaunt, daß die drei Jungens ihn Vater nennen. Er befragt sie nach ihren Berufsplänen. Jörg-Lukas, der jüngste erklärt, er wolle Physiker werden. Möbius ist erschrocken und verbietet seinem Sohn, an so etwas zu denken. Der Junge versteht das nicht, zumal sein Vater doch selbst Physiker ist. Erregt antwortet Möbius ihm mit Nachdruck: „Ich hätte es nie werden dürfen ... Nie. Ich wäre jetzt nicht im Irrenhaus."

Frau Rose sucht Möbius zu beruhigen. Er sei doch in einem Sanatorium und seine Nerven seien angegriffen. Doch der Physiker weiß es besser. Man halte ihn für verrückt, weil ihm König Salomo erscheine. Nach peinlichem Schweigen stellt Frau Rose ihrem ehemaligen Mann den Missionar vor und berichtet Möbius über ihre Absicht, auf den Marianen zu leben. Möbius gibt seiner Freude Ausdruck, daß seine Kinder einen neuen Vater gefunden haben. Zum Abschied spielen die drei Jungens auf ihren Blockflöten ein Stück von Buxtehude vor. Möbius kann diese Demonstration guter Bürgerlichkeit nicht länger ertragen und flüchtet sich in die Rolle König Salomos. Er rezitiert vor den Anwesenden einen „Psalm Salomos, den Weltraumfahrern zu singen":

„Wir hauten ins Weltall ab.
Zu den Wüsten des Monds. Versanken in ihrem Staub
Lautlos verreckten
Manche schon da. Doch die meisten verkochten
In den Bleidämpfen des Merkurs, lösten sich auf
In den Ölpfützen der Venus, und
Sogar auf dem Mars fraß uns die Sonne
Donnernd, radioaktiv und gelb

Jupiter stank
Ein pfeilschnell rotierender Methanbrei
Hing er so mächtig über uns
Daß wir Ganymed vollkotzten
Saturn bedachten wir mit Flüchen
Was dann weiter kam, nicht der Rede wert

Uranus, Neptun
Graugrünlich, erfroren

71

Über Pluto und Transpluto fielen die letzten
Unanständigen Witze.

Hatten wir doch längst die Sonne mit Sirius verwechselt
Sirius mit Kanopus

Abgetrieben trieben wir in die Tiefen hinauf
Einigen weißen Sternen zu
Die wir gleichwohl nie erreichten
Längst schon Mumien in unseren Schiffen
Verkrustet von Unrat

In den Fratzen kein Erinnern mehr
An die atmende Erde."

Oberschwester Boll und die Krankenpflegerin Monika treten
ein. Sie versuchen, den zornigen Möbius zu beruhigen, der
nach ihrer Ansicht einen leichten Anfall hat. In seiner Wut
weist der Physiker die Familie Rose aus dem Salon:
      „Ich will euch nie mehr sehen! Ihr habt den König
      Salomo beleidigt! Ihr sollt verflucht sein! Ihr sollt mit
      den ganzen Marianen im Marianengraben versaufen!
      Elftausend Meter tief. Im schwärzesten Loch des Meeres
      sollt ihr verfaulen, von Gott vergessen und den Men-
      schen!"
Möbius bleibt mit Schwester Monika allein zurück. Sie hat
bereits seit längerem erkannt, daß sich der Physiker nur
verstellt. Zur Erklärung sagt Möbius, daß er allen Betroffenen durch sein Betragen „auf humane Weise" den Abschied
von seiner Familie habe erleichtern wollen: „Die Vergangenheit löscht man am besten mit einem wahnsinnigen Betragen
aus, wenn man sich schon im Irrenhaus befindet: Meine
Familie kann mich nun mit gutem Gewissen vergessen."
Jetzt sei alles in Ordnung: „Salomo hat mir offenbart, was
zu offenbaren war, das System aller möglichen Erfindungen
ist abgeschlossen, die letzten Seiten sind diktiert, und meine
Frau hat einen neuen Gatten gefunden . . ."

Die Schwester kündigt Möbius nun an, daß auch sie von
ihm Abschied nehmen müsse. Auf Verlangen des Staatsanwaltes würden nunmehr Pfleger die Bewachung in der Villa
übernehmen. Möbius schweigt zunächst betroffen, doch

findet er dann warmherzige Worte des Dankes für die genossene Pflege. Er sei in den vergangenen zwei Jahren etwas glücklicher gewesen als sonst und durch Schwester Monika habe er den Mut gefunden, sein Schicksal als Verrückter auf sich zu nehmen. Die Pflegerin betont, daß sie Möbius nicht für irre halte. „Ich mich auch nicht", antwortet der Physiker, „aber das ändert nichts an meiner Lage. Ich habe das Pech, daß mir König Salomo erscheint. Es gibt nun einmal nichts Anstößigeres als ein Wunder im Reiche der Wissenschaft." Monika gibt nicht nach. Sie glaube an dieses Wunder: „Und wenn Sie mir erzählten, auch noch der König David erscheine Ihnen mit seinem Hofstaat, würde ich es glauben." Möbius will die Schwester fortschicken, denn es sei tödlich, an König Salomo zu glauben. „Sie rennen in Ihr Verderben", stellt der Physiker fest, als Monika ihre Liebe gesteht. Nach dieser Eröffnung erklärt auch Möbius seine Gefühle für die Krankenschwester.

Die Aussprache wird unterbrochen, als Einstein aus seinem Zimmer in den Salon eintritt. Er kann sich plötzlich erinnern, daß er Schwester Irene erdrosselte. Möbius erinnert ihn daran, die Kreutzersonate gegeigt zu haben. Einstein wechselt das Thema und fragt Möbius und Schwester Monika: „Ihr liebt einander?" Monika bejaht dies und Einstein berichtet, auch Schwester Irene und er hätten sich geliebt. Trotz aller Warnungen habe sie ihn heiraten und mit ihm nach Kohlwang aufs Land ziehen wollen. Fräulein von Zahnd habe sogar die Erlaubnis erteilt. Da habe er sie erdrosselt: „Es gibt nichts Unsinnigeres auf der Welt als die Raserei, mit der sich die Weiber aufopfern." Einstein verläßt den Raum, nicht ohne Schwester Monika aufzufordern, ihrem Geliebten zu gehorchen und zu fliehen.

Vergeblich versucht Möbius, Monika von ihrer Liebe zu ihm abzubringen: „Ich habe einen schweren Fehler begangen. Ich habe mein Geheimnis verraten, ich habe Salomos Erscheinen nicht verschwiegen. Dafür läßt er mich büßen. Lebenslänglich. In Ordnung. Aber Sie sollen nicht auch noch dafür bestraft werden. In den Augen der Welt lieben Sie einen Geisteskranken." Die Schwester erkennt die Gefahren nicht und entwickelt Möbius große Zukunftspläne, die bereits die Billigung der Ärztin gefunden hätten: „Wir brauchen uns nur richtig liebzuhaben." Möbius ist verwirrt. Schwester

73

Monika hat ein weiteres getan. Professor Scherbert, der Lehrer von Möbius, sei bereit, die Manuskripte unvoreingenommen zu prüfen:

„Sie sind auserwählt. Salomo ist Ihnen erschienen, offenbarte sich Ihnen in seinem Glanz, die Weisheit des Himmels wurde Ihnen zuteil. Nun haben Sie den Weg zu gehen, den das Wunder befiehlt, unbeirrbar, auch wenn der Weg durch Spott und Gelächter führt, durch Unglauben und Zweifel. Aber er führt aus dieser Anstalt ... er führt in die Öffentlichkeit, nicht in die Einsamkeit, er führt in den Kampf. Ich bin da, dir zu helfen, mit dir zu kämpfen, der Himmel, der dir Salomo schickte, schickte auch mich."

Zum Schein geht Möbius auf die Vorstellungen der Krankenschwester ein. Dann reißt er den Vorhang herunter und über sie. In einem kurzen Kampf erwürgt Möbius seine Pflegerin. Durch den Lärm erschreckt, öffnet Newton, im Kostüm seines Jahrhunderts, die Zimmertüre und fragt: „Was ist geschehen?: Möbius antwortet: „Ich habe Schwester Monika Stettler erdrosselt." Zur gleichen Zeit hört man Einstein in Zimmer 2 wieder geigen, diesmal ein Stück von Kreisler. Newton geht zum Kamin und holt sich einen Kognak.
Damit endet der erste Akt.

Handlung (2. Akt)

Eine Stunde später sind der Inspektor, seine Mitarbeiter und Fräulein von Zahnd in demselben Raum versammelt. Am Tatort wird die Leiche photographiert und das Protokoll aufgenommen. Monika Stettler, 25 Jahre alt, aus Blumenstein, ohne Angehörige, wurde mit einer Vorhangkordel erdrosselt.
Im Gegensatz zum ersten Akt lehnt Voß jetzt das Angebot der Ärztin ab, zu rauchen oder einen Schnaps zu trinken. Diesmal spricht Fräulein von Zahnd von „Mörder" und „Mord". Als Ernesti die Krankenschwester Irene Straub ermordet hatte, bestand sie darauf, von „Täter" und „Unglücks-

74

fällen" zu sprechen. An diese Bezeichnungen hält sich nun
Inspektor Voß.
Die Ärztin gibt sich völlig gebrochen. Der dritte „Unglücks-
fall" in ‚Les Cerisiers' habe ihr gerade noch gefehlt. Sie
habe Monika Stettler wie eine Tochter geliebt. Ihr Tod sei
nicht das Schlimmste, aber ihr medizinischer Ruf sei dahin.
Wie bereits angekündigt, haben jetzt Männer die Pflege der
drei Physiker in der Villa übernommen. Zwei riesenhafte
Wärter — davon ist einer Neger — schieben in Begleitung
eines ebenso großen Oberpflegers einen Wagen mit Geschirr
und Essen in den Salon. Der Oberpfleger Uwe Sievers, ehe-
maliger Europameister im Schwergewichtsboxen, stellt Voß
seine beiden Mitarbeiter vor: Murillo, südamerikanischer
Meister im Schwergewicht und McArthur, nordamerikani-
scher Meister im Mittelgewicht. Sie richten das üppige
Abendessen für „die lieben Kranken" her und verlassen den
Raum wieder.
In Zimmer Nr. 2 hört man Einstein wieder geigen. Als die
Polizeibeamten die Leiche abtransportieren wollen, stürzt
Möbius aus seinem Zimmer. Er ruft nach Monika, seiner
Geliebten. Fräulein von Zahnd erinnert den Physiker daran,
daß er ihre „beste, sanfteste, süßeste" Krankenschwester
getötet habe. Möbius bedauert dies: „König Salomo befahl
es."
Mit der Begründung, dies sei zuviel für ihre Nerven, läßt sich
die Ärztin entschuldigen und geht aus dem Salon. Möbius
bleibt mit dem Inspektor allein. Voß zündet sich eine Zigarre
an und fordert Möbius auf, ihm ein Glas von dem Kognak
einzuschenken, den Sir Isaak Newton hinter dem Kamingitter versteckt halte. Möbius bittet darum, wegen des Mordes an Monika Stettler verhaftet zu werden. Voß lehnt dies
ab, denn der Physiker habe ja nach eigenem Geständnis auf
Befehl des Königs Salomo gehandelt: „Solange ich den
nicht verhaften kann, bleiben Sie frei." Er erläutert Möbius
seine Einstellung zu seinem Beruf und zu Fragen der Gerechtigkeit. Mit Grüßen an Newton und Einstein sowie einer
Empfehlung an König Salomo verabschiedet sich der Kriminalinspektor.
Aus Zimmer Nr. 3 kommt Newton in den Salon. Er deckt die
Schüsseln auf und bemerkt, daß die Mahlzeit ungewöhnlich
reichhaltig ist. Dann beginnt er zu essen. Möbius brütet vor

75

sich hin. Auf die Bemerkung: „Nach meiner Krankenschwester verging mir auch der Appetit", will Möbius auf sein
Zimmer gehen. Newton bittet ihn zu bleiben, denn er habe
mit Möbius zu reden. Er macht ihn darauf aufmerksam, daß
sie nicht mehr von Schwestern betreut, sondern von riesigen
Pflegern bewacht werden. Möbius mißt dem keinerlei Bedeutung bei. „Vielleicht für Sie nicht", erklärt Newton, „Sie
wünschen ja offenbar Ihr ganzes Leben im Irrenhaus zu
verbringen. Aber für mich spielt es eine Rolle. Ich will nämlich hinaus." Die Anwesenheit der Pfleger zwinge ihn, noch
heute zu handeln. Möbius zeigt noch immer kein Interesse.
Nun rückt Newton mit seinem Geheimnis heraus. Er sei
weder Sir Isaak, noch Albert Einstein und auch nicht Herbert
Georg Beutler wie man glaube, sondern Alec Jasper Kilton,
der Begründer der Entsprechungslehre. Den Verrückten
habe er nur gespielt, um hinter den Grund der Verrücktheit
von Möbius zu kommen. Er sei Angehöriger eines Geheimdienstes und habe unter Mühen Deutsch gelernt. Möbius
versteht jetzt auch, warum Schwester Dorothea ermordet
wurde. Sie erkannte das Doppelspiel von Kilton. Zur Begründung seiner Tat führt Kilton an, seine Mission sei in
Frage gestellt gewesen. Außerdem, „es galt meinen Wahnsinn durch einen Mord endgültig zu beweisen."
Kilton bestätigt, daß er den Auftrag habe, Möbius zu ent-
führen, falls sich der Verdacht seines Geheimdienstes be-
wahrheiten sollte. Seine Organisation halte ihn „zufällig für
den genialsten Physiker der Gegenwart." Möbius will seiner
Rolle treu bleiben und unterstreicht, er sei ein schwer ner-
venkranker Mensch. Doch Kilton gibt nicht nach: „Ich halte
Sie schlicht für den größten Physiker aller Zeiten." Er habe
zufällig die Doktorarbeit von Möbius über die Grundlagen
einer neuen Physik gelesen, dann nach dem Verfasser ge-
forscht und als er nicht weitergekommen sei, den Geheimdienst informiert, der die Spur gefunden habe.
Unbemerkt, mit seiner Geige unter dem Arm, ist Einstein in
den Raum getreten. Er eröffnet Kilton, ebenfalls die Dissertation gelesen zu haben. Einstein betont, auch er sei nicht
verrückt. Er stellt sich als der Physiker Joseph Eisler, den
seit 1950 verschollenen Entdecker des Eisler-Effekts und
Mitglied eines anderen Geheimdienstes vor. Newton-Kilton
hält plötzlich einen Revolver in der Hand und fordert Ein-

stein-Eisler auf, sich mit dem Gesicht zur Wand zu stellen. Einstein-Eisler schlendert gemächlich zum Kamin, legt sein Instrument auf den Kaminsims, kehrt sich dann plötzlich um und hält ebenfalls eine Waffe in der Hand. In dieser Lage ist es sinnlos zu schießen und so entscheiden die beiden Geheimdienstagenten, ihre Waffen hinter dem Kamingitter zu verstecken, für den Fall, daß die Pfleger überraschend kämen.

Einstein-Eisler wirft Kilton-Newton vor, seine Pläne durcheinandergebracht zu haben. Überhaupt sei manches schief gegangen, so zum Beispiel auch die Sache mit Schwester Irene: „Sie hatte Verdacht geschöpft und damit war ihr Todesurteil gefällt." Möbius fragt Einstein-Eisler, ob auch er ihn zwingen — oder bewegen wolle, sein Land aufzusuchen. Einstein bejaht dies: „Auch wir halten Sie schließlich für den größten aller Physiker."

Die drei Wissenschaftler beginnen mit dem Abendessen. Auch Möbius hat jetzt Appetit, nachdem seine wahre Identität bekannt ist. Diese Idylle stören die drei Krankenpfleger. Der Oberpfleger ruft die Patienten Beutler, Ernesti und Möbius aus seinem Notizbuch auf. Er gibt ihnen bekannt, daß auf Anraten der Behörde gewisse Sicherheitsmaßnahmen getroffen worden seien. Die Fenster werden vergittert, und auch die Türen sind abgeschlossen. Im angrenzenden Park sind bereits Wachposten aufgezogen.

Einstein-Eisler meint, jetzt komme man nur noch aus dem Irrenhaus, wenn man gemeinsam vorgehe. Möbius sieht nicht den geringsten Grund zu fliehen. Im Gegenteil, er sei mit seinem Schicksal zufrieden. Newton-Kilton ist anderer Ansicht:

„Ihre persönlichen Gefühle in Ehren, aber Sie sind ein Genie und als solches Allgemeingut. Sie drangen in neue Gebiete der Physik vor. Aber Sie haben die Wissenschaft nicht gepachtet. Sie haben die Pflicht, die Tür auch uns aufzuschließen, den Nicht-Genialen. In einem Jahr stecken wir Sie in einen Frack, transportieren Sie nach Stockholm und Sie erhalten den Nobelpreis."

Ironisch sagt Möbius zu Newton, sein Geheimdienst sei uneigennützig. Er berichtet, daß er bei seinen wissenschaftlichen Untersuchungen sowohl das Problem der Gravitation

77

gelöst als auch die einheitliche Feldtheorie gefunden habe. Newton ist überrascht und Einstein bemerkt voller Anerkennung, seit Jahren versuchten gutbezahlte Wissenschaftler in staatlichen Laboratorien, in der Physik weiter zu kommen: „Sie erledigen das en passant im Irrenhaus am Schreibtisch." Möbius erklärt, daß er sein „System alle möglichen Erfindungen" aus Neugierde' aufgestellt habe:

„Was wir denken, hat seine Folgen. Es war meine Pflicht, die Auswirkungen zu studieren, die meine Feldtheorie und meine Gravitationslehre haben würden. Das Resultat ist verheerend. Neue, unvorstellbare Energien würden freigesetzt und eine Technik ermöglicht, die jeder Phantasie spottet, falls meine Untersuchungen in die Hände der Menschen fiele."

Gerade diese Resultate wollen Kilton und Eisler für ihre Geheimdienste sichern. Kilton geht es darum, „den größten Physiker aller Zeiten in die Gemeinschaft der Physiker zurückzuführen." Er verlangt die „Freiheit unserer Wissenschaft und nichts weiter." Wer diese Freiheit garantiere, sei egal, denn er diene jedem System, wenn es ihn in Ruhe lasse. Jede moralische Verantwortung der Physiker für ihre Entdeckungen lehnt Kilton als Unsinn ab: „Wir haben Pionierarbeit zu leisten und nichts außerdem. Ob die Menschheit den Weg zu gehen versteht, den wir ihr bahnen, ist ihre Sache, nicht die unsrige."

Eisler teilt diese Ansicht im Prinzip, doch dürfe man die Verantwortung nicht ausklammern:

„Wir liefern der Menschheit gewaltige Machtmittel. Das gibt uns das Recht, Bedingungen zu stellen. Wir müssen Machtpolitiker werden, weil wir Physiker sind. Wir müssen entscheiden, zu wessen Gunsten wir unsere Wissenschaft anwenden, und ich habe mich entschieden ... Auch wir können es uns schon längst nicht mehr leisten, die Physiker zu bevormunden. Auch wir brauchen Resultate. Auch unser politisches System muß der Wissenschaft aus der Hand fressen."

Kilton und Eisler begreifen, daß eine Patt-Situation entstanden ist. Da ihre Geheimdienste auf die gleiche Idee gekommen seien liege die Entscheidung allein bei Möbius. Die beiden Agenten beschließen, die Angelegenheit mit den im Kamin versteckten Waffen zu bereinigen. Ihnen ist der

Besitz der Manuskripte sogar wichtiger als die Person Möbius.

Ehe es aber zu einer blutigen Auseinandersetzung kommt, erklärt Möbius, daß er die Unterlagen verbrannt habe, bevor die Polizei ein weiteres Mal nach ‚Les Cerisiers' gekommen sei. „Damit sind wir Ihnen endgültig ausgeliefert, Möbius," erkennt Eisler. Alle Mühe der Geheimdienste war umsonst. Möbius faßt seinen Standpunkt folgendermaßen zusammen:

„Wir sind drei Physiker. Die Entscheidung, die wir zu fällen haben, ist eine Entscheidung unter Physikern. Wir müssen wissenschaftlich vorgehen. Wir dürfen uns nicht von Meinungen bestimmen lassen, sondern von logischen Schlüssen. Wir müssen versuchen, das Vernünftige zu finden. Wir dürfen uns keinen Denkfehler leisten, weil ein Fehlschluß zur Katastrophe führen müßte. Der Ausgangspunkt ist klar. Wir haben alle drei das gleiche Ziel im Auge, doch unsere Taktik ist verschieden. Das Ziel ist der Fortgang der Physik. Sie wollen ihr die Freiheit bewahren, Kilton, und streiten ihr die Verantwortung ab. Sie dagegen, Eisler, verpflichten die Physik im Namen der Verantwortung der Machtpolitik eines bestimmten Landes. Wie sieht nun aber die Wirklichkeit aus?"

Aus den Antworten entnimmt Möbius, daß keine der beiden Seiten frei ist. Vor die Wahl gestellt, bleibe die Realität immer dieselbe: ein Gefängnis. Deshalb ziehe er die Sicherheit in der Irrenanstalt vor, wo er wenigstens nicht von Politikern ausgenutzt werden könne:

„Es gibt gewisse Risiken", unterstreicht Möbius, „die man nie eingehen darf: Der Untergang der Menschheit ist ein solches. Was die Welt mit den Waffen anrichtet, die sie schon besitzt, wissen wir, was sie mit jenen anrichten würde, die ich ermögliche, können wir uns denken. Dieser Einsicht habe ich mein Handeln untergeordnet. Ich war arm. Ich besaß eine Frau und drei Kinder. Auf der Universität winkte Ruhm, in der Industrie Geld. Beide Wege waren zu gefährlich. Ich hätte meine Arbeiten veröffentlichen müssen, der Umsturz unserer Wissenschaft und das Zusammenbrechen des wirtschaftlichen Gefüges wären die Folgen gewesen.

79

Die Verantwortung zwang mir einen anderen Weg auf. Ich ließ meine akademische Karriere fahren, die Industrie fallen und überließ meine Familie ihrem Schicksal. Ich wählte die Narrenkappe. Ich gab vor, der König Salomo erscheine mir, und schon sperrte man mich in ein Irrenhaus ein."

Auf die Bemerkung von Kilton, dies sei doch keine Lösung gewesen, meint Möbius, die Vernunft habe diesen Schritt von ihm gefordert. Die Physik sei an die Grenzen des Erkennbaren gestoßen. Das Wissen beschränke sich auf einige genau erfaßbare Gesetze, der gewaltige Rest bleibe aber ein Geheimnis, das dem Verstand unzugänglich sei. Damit sei das Ende des Weges erreicht:

„Aber die Menschheit ist noch nicht so weit. Wir haben uns vorgekämpft, nun folgt uns niemand nach, wir sind ins Leere gestoßen. Unsere Wissenschaft ist schrecklich geworden, unsere Forschung gefährlich, unsere Erkenntnis tödlich. Es gibt für uns Physiker nur noch die Kapitulation vor der Wirklichkeit. Sie ist uns nicht gewachsen. Sie geht an uns zugrunde. Wir müssen unser Wissen zurücknehmen, und ich habe es zurückgenommen. Es gibt keine andere Lösung, auch für euch nicht."

Er fordert Kilton und Eisler auf, mit ihm zusammen im Irrenhaus zu bleiben und die Geheimdienste zu unterrichten. Möbius sei wirklich verrückt. Dies sei für ihn die einzige Chance, unentdeckt zu bleiben. Frei seien alle drei nur noch im Irrenhaus und allein dort dürften sie noch denken: „In der Freiheit sind unsere Gedanken Sprengstoff." Kilton protestiert, denn schließlich seien sie nicht verrückt. Möbius erinnert Kilton und Eisler daran, daß sie Mörder sind. Er legt ihnen dar, jeder habe einen Auftrag gehabt und jeder habe eine Krankenschwester für einen bestimmten Zweck ermordet. Er selbst habe Schwester Monika getötet, damit nicht noch mehr gemordet werde. Wenn er Kilton und Eisler auch nicht beseitigen könne, so wolle er versuchen, sie zu überzeugen. Ihre Morde dürften aber nicht sinnlos werden: „Entweder haben wir geopfert oder gemordet. Entweder wir bleiben im Irrenhaus, oder die Welt wird eines. Entweder löschen wir uns im Gedächtnis der Menschen aus, oder die Menschheit erlischt."

Nach einer Pause äußert Kilton seine Angst vor der Anstalt, den neuen Pflegern und der buckligen Ärztin. Eisler betont, man sperre sie ein wie wilde Tiere und Möbius erklärt ihnen: „Wir sind wilde Tiere. Man darf uns nicht auf die Menschheit loslassen." Wieder Schweigen. Dann willigen Kilton und Eisler in die Vorschläge ein. Möbius dankt ihnen „um der kleinen Chance willen, die nun die Welt doch noch besitzt, davonzukommen." Sie besiegeln ihre Entscheidung mit einem Trinkspruch auf die ermordeten Krankenschwestern und beschließen, wieder in ihre Rollen als Verrückte zu schlüpfen. Möbius beschwört die tote Monika Stettler, ihnen die Kraft zu geben, „als Narren das Geheimnis unserer Wissenschaft treu zu bewahren." Die drei Wissenschaftler winken sich zu und verlassen den Raum.

Nun erscheinen kurz die Krankenpfleger Murillo und Mc Arthur, beide in schwarzen Uniformen mit Mützen und Pistolen. Sie räumen den Raum auf und verlassen den Salon wieder. Dann kommen Fräulein von Zahnd und der Oberpfleger Sievers, ebenfalls in Uniform. Das Bild über dem Kamin wird von Murillo und McArthur ausgetauscht. Auf Befehl der Ärztin wird zunächst Möbius aus seinem Zimmer geholt. Er spielt wieder den Irren. Fräulein von Zahnd erläutert Möbius die Anweisungen der Staatsanwaltschaft. Auch Einstein und Newton werden aus ihren Zimmern geholt. Sie verhalten sich ebenfalls entsprechend ihren Rollen. Die Ärztin spricht beide mit ihren richtigen Namen an. Als sie ihre Revolver ziehen wollen, werden sie von den uniformierten Krankenpflegern entwaffnet. Fräulein von Zahnd teilt ihnen mit, daß ihr Gespräch abgehört worden sei. Sie habe seit längerer Zeit Verdacht geschöpft. Murillo und McArthur holen die Geheimsender aus den Zimmern der beiden Agenten. Die Villa sei von Wärtern umstellt, berichtet sie, und damit sei jeder Fluchtversuch sinnlos.

Nachdem die Krankenpfleger den Salon verlassen haben, verkündet die Ärztin ihr Geheimnis. Auch ihr sei König Salomo erschienen. Er habe seine Weisheit enthüllt, damit in seinem Namen Möbius auf Erden herrsche. Doch der Physiker habe ihn verraten, indem er versucht habe, das Wissen für sich zu behalten. Deshalb habe ihr der „goldene König" befohlen, Möbius abzusetzen und an seiner Stelle zu herrschen: „Ich betäubte ihn, jahrelang, immer wieder, und photokopierte die Aufzeichnungen des goldenen Königs, bis ich auch die letzten Seiten besaß." Erst habe sie nur wenige Erfindungen ausgebeutet, um das nötige Kapital anzusammeln, dann einen Fabrikkonzern aufgebaut und nun werde sie das „System aller möglichen Erfindungen" des Physikers Möbius auswerten.

Möbius versucht zu erklären, daß ihm König Salomo nie erschienen sei. Er habe sich in diese Rolle geflüchtet, um seine Entdeckungen geheimzuhalten. Fräulein von Zahnd müsse verrückt sein. Die Ärztin weist dies als Unterstellung von sich. Sie sei ebensowenig verrückt wie Möbius. Der Physiker erkennt, daß er all die Jahre schamlos ausgebeutet worden ist. Er will „der Welt die Wahrheit entgegenschreien", doch Fräulein von Zahnd macht ihn auf die Sinnlosigkeit seiner Absicht aufmerksam: „Für die Öffentlichkeit sind Sie nichts anderes als ein gefährlicher Verrückter. Durch Ihren Mord."

Die drei Physiker beginnen die Wahrheit zu ahnen. Die Ärztin sagt ihnen:

„Ich nahm nur eine Gelegenheit wahr, das Wissen Salomos mußte gesichert und euer Verrat bestraft werden. Ich mußte euch unschädlich machen. Durch eure Morde. Ich hetzte die drei Krankenschwestern auf euch. Mit eurem Handeln konnte ich rechnen. Ihr waret bestimmbar wie Automaten und habt getötet wie Henker."

Möbius will sich auf Fräulein von Zahnd stürzen, Einstein hält ihn zurück. Auch diese Aktion sei so sinnlos, erklärt die Ärztin, wie das Verbrennen der Manuskripte, die sie bereits besessen habe.

Die Anstalt werde nun zur Schatzkammer des von ihr aufgebauten Fabrikkonzerns, der nicht mehr von Irrenwärtern bewacht werde. Fräulein von Zahnd stellt Oberpfleger Sievers als Chef der Werkspolizei vor, der das Gefängnis bewache, in das die Physiker geflüchtet seien. Sie werde nun mächtiger sein als ihre Väter: „Mein Trust wird herrschen, die Länder, die Kontinente erobern, das Sonnensystem ausbeuten, nach dem Andromedanebel fahren. Die Rechnung ist aufgegangen. Nicht zugunsten der Welt, aber zugunsten einer alten, buckligen Jungfrau."

82

Mathilde von Zahnd gibt Sievers den Befehl, das Weltunternehmen zu starten und die Produktion beginnen zu lassen. Allein im Raum, erkennen die drei Wissenschaftler, daß ihr Spiel aus ist. Möbius sagt zum Schluß: „Was einmal gedacht wurde, kann nicht mehr zurückgenommen werden." Schweigen.

Dann stellen sich die Physiker noch einmal in den Rollen vor, die sie als Verrückte gespielt haben und in denen sie jetzt weiterleben müssen. Jeder geht auf sein Zimmer. Nur noch das Geigenspiel Einsteins ist zu hören.

5.4 Personen

a) Möbius

Johann Wilhelm Möbius ist die Hauptfigur der Komödie. Seine geschiedene Frau gibt ausführlich einen Bericht über die Familiengeschichte. Fünf Jahre älter als Möbius lernt sie ihn als fünfzehnjährigen Gymnasiasten im Hause ihres Vaters kennen. Er ist Waise und sehr arm. Die junge Frau ermöglicht ihm den Abschluß der höheren Schule und später das Studium der Physik. Sie heiraten gegen den Willen der Eltern und versuchen, sich durchzuschlagen. Möbius schreibt an seiner Doktorarbeit und seine Frau übernimmt eine Tätigkeit in einer Spedition. Die Kinder werden geboren. „Endlich stand eine Professur in Aussicht, wir glaubten, aufatmen zu dürfen, da wurde Johann Wilhelm krank, und sein Leiden verschlang Unsummen. Ich trat in eine Schokoladenfabrik ein, meine Familie durchzubringen."

Das „Leiden" des Physikers Möbius besteht darin, daß er behauptet, ihm erscheine König Salomo. Nach Angaben der behandelnden Ärztin in „Les Cerisiers" hat sich sein Zustand in den vergangenen 15 Jahren nicht geändert: „Er puppt sich in seine Welt ein ... Er interessiert sich kaum mehr für die Außenwelt." Darüberhinaus ist Möbius Diabetiker. „Eine Insulinkur wäre wieder einmal fällig gewesen ... doch weil die anderen Kuren erfolglos verlaufen sind, ließ ich sie bleiben," sagt Fräulein von Zahnd.

Gegenüber Newton und Einstein nennt Möbius den wahren Grund seines Aufenthaltes in der Heilanstalt. Alle Wege hätten ihm als jungen Wissenschaftler offengestanden, „doch die Verantwortung zwang mir einen anderen Weg auf." Er habe seine physikalischen Grundlagenforschungen zunächst aus Neugierde „als praktisches Kompendium zu meinen theoretischen Arbeiten" aufgestellt: „Was wir denken, hat seine Folgen." Als das Resultat vorlag, habe er die Gefahren erkannt und deshalb die Narrenkappe gewählt: „Ich gab vor, der König Salomo erscheine mir, und schon sperrte man mich in ein Irrenhaus."

Diese „Lösung" kann Newton und Einstein nicht überzeugen. So appelliert Möbius an die Vernunft, an wissenschaftliches Denken: „Das Ziel ist der Fortgang der Physik." In fast seherischer Weise stellt Möbius fest, daß es „für uns Physiker nur noch die Kapitulation vor der Wirklichkeit" gibt. „Sie ist uns nicht gewachsen. Sie geht an uns zugrunde. Wir müssen unser Wissen zurücknehmen und ich habe es zurückgenommen. Es gibt keine andere Lösung ..." Möbius glaubt, sein Wissen zurückgenommen zu haben, indem er seine Manuskripte verbrannte.

Apokalyptisches Wissen spricht auch aus dem „Psalm Salomos, den Weltraumfahrern zu singen." Es ist nicht der Gesang eines Irren, sondern der Protest gegen die pseudoheile bürgerliche Welt dargestellt von drei flötespielenden Knaben, sowie von einem von sich und seiner Aufgabe überzeugten Missionar: der Protest gegen die Vorstellung vom „großen goldenen König", der jetzt „nackt und stinkend" ein „armer König der Wahrheit" ist. Der neue Salomo ist Symbol für die Wissenschaftler von heute, „die von Tragik umwitterten Könige unserer Zeit" (Jungk a. a. O., Seite 10, aus einem Leserbrief).

Möbius zeichnet einen Alptraum von der Eroberung unseres Planetensystems durch die Menschen. Das Raumschiff „Ganymed" verläßt die Erde und trifft auf ein Chaos voller Staub, Blei, Hitze, Radioaktivität und Kälte. Doch die Mission scheitert, als die Besatzung die Sonne mit dem Fixstern Sirius und diesen mit einem anderen verwechselt. Der von der Erde aus gestartete Flugkörper wird orientierungslos und verliert sich in den Tiefen des Weltraums. Der abenteuerliche Forscherdrang ist damit ad absurdum geführt und die „einigen weißen Sterne" werden nie erreicht. Am Ende steht der Tod, aber nicht als Erlöser. Die Mumien treiben weiter durch das All, sinnlos, von außerirdischen Kräften gelenkt, hoffnungslos, denn sie haben keine Erinnerung mehr „an die atmende Erde", dem Optimum menschlichen Daseins.

Mit aller Gewalt will Möbius verhindern, daß sich die Dinge durch seinen wissenschaftlichen Beitrag so entwickeln. Deshalb verzichtet er auf seine Liebe zu Schwester Monika, die ihn wieder in die Welt, „in den Kampf" hinausführen will. Möbius ist davon überzeugt, einen schweren Fehler begangen zu haben. Er glaubt, sein Geheimnis verraten zu haben und will dafür büßen, lebenslänglich. Die Liebeserklärung der Krankenschwester wird zum Vorwurf des doppelten Verrats. Er tötet sie im Sinne eines Sühneopfers und betont, daß er Salomo doch treu geblieben sei: „Er ist in mein Dasein eingebrochen, auf einmal, ungerufen, er hat mich mißbraucht, mein Leben zerstört, aber ich habe ihn nicht verraten."

Schwester Monika sieht die Bußfertigkeit von Möbius darin, daß er sich möglicherweise aus Feigheit nicht für seine Erkenntnisse eingesetzt hat. Doch Möbius weiß genau: „Mut ist in meinem Fall ein Verbrechen." Und um dieses Verbrechen nicht zu begehen, fordert er auch Newton und Einstein auf, mit ihm in der Irrenanstalt zu bleiben, denn „in der Freiheit sind unsere Gedanken Sprengstoff." In „Les Cerisiers" sei der einzige Ort, frei zu sein und frei zu denken.

Möbius erklärt, daß jeder von ihnen für diese Freiheit getötet habe. Schwester Monika sei von ihm erdrosselt worden, weil sie nicht begriff, „daß es heute die Pflicht eines Genies ist, verkannt zu bleiben. Töten ist etwas Schreckliches. Ich habe getötet, damit nicht ein noch schrecklicheres Morden anhebe." Das Opfer der drei Krankenschwestern hat nach seinen Worten nur einen Sinn gehabt, wenn die persönliche Sühne im Verzicht auf die persönliche Freiheit besteht. Auf diese Weise werde der Weg zur Menschenwürde frei.

Doch die Einsicht kommt zu spät. Fräulein von Zahnd hat sich Photokopien von den wissenschaftlichen Forschungen

85

ihres Patienten Möbius verschafft. Ihre Rechnung ist aufgegangen und Möbius erkennt voller Resignation: „Was einmal gedacht wurde, kann nicht mehr zurückgenommen werden." So stellt er sich in seinem Schlußmonolog im Bild des Königs Salomo als Wissenschaftler und Mensch dar, der auf die Endzeit wartet:

„Ich bin Salomo. Ich bin der arme König Salomo. Einst war ich unermeßlich reich, weise und gottesfürchtig. Ob meiner Macht erzitterten die Gewaltigen. Ich war ein Fürst des Friedens und der Gerechtigkeit. Aber meine Weisheit zerstörte meine Gottesfurcht, und als ich Gott nicht mehr fürchtete, zerstörte meine Weisheit meinen Reichtum. Nun sind die Städte tot, über die ich regierte, mein Reich leer, das mir anvertraut worden war, eine blauschimmernde Wüste, und irgendwo um einen kleinen, gelben, namenlosen Stern kreist, sinnlos, immerzu, die radioaktive Erde. Ich bin Salomo, ich bin Salomo, ich bin der arme König Salomo."

b) Newton

Als Agent einer nicht näher genannten ausländischen Macht lebt der Wissenschaftler Alec Jasper Kilton unter dem Namen Herbert Georg Beutler in der Irrenanstalt ‚Les Cerisiers'. Der Begründer der Entsprechungslehre hat den Auftrag, den Grund der Verrücktheit des Physikers Möbius festzustellen und gegebenenfalls seine physikalischen Forschungsergebnisse zu sichern. Um nicht aufzufallen, spielt er selbst verrückt und stellt sich seiner Umwelt als Sir Isaak Newton, den Entdecker der Gravitationsgesetze vor. Wie es seiner Rolle entspricht, begründet Newton auch den Mord an der Krankenschwester Dorothea Moser. Er erklärt Inspektor Voß, daß er die strohblonde Schwester zwar ebenso geliebt habe wie sie ihn. Dieses Dilemma sei nur durch eine Vorhangkordel zu lösen gewesen; denn seine Aufgabe bestehe ja darin, sich mit Problemen der Schwerkraft zu befassen, „nicht ein Weib zu lieben."

86

Newton gelingt es perfekt, den Inspektor in der Annahme zu bestärken, er habe einen Geisteskranken vor sich. Er weist ihn darauf hin, daß nur Patienten nicht aber Besucher im Salon rauchen dürfen. Newton gibt zu, die Schwester am 12. August mit einer Vorhangschnur erdrosselt zu haben, aber das sei doch etwas anderes als der Mord von Ernesti mit der Schnur der Stehlampe. Schließlich sei er nicht verrückt.

Natürlich geht Voß darauf nicht ein, so daß Newton dem Inspektor einen weiteren Bären aufbinden kann, indem er an den enormen Altersunterschied zu Dorothea Moser erinnert. Doch Voß bezieht diese Bemerkung auf den 1643 geborenen Newton. Er muß sich fragen lassen, ob er nun vertrottelt sei oder nur so tue. Newton treibt das Spiel auf die Spitze und vertraut Voß sein Geheimnis an. Er gebe sich nur als der berühmte englische Wissenschaftler aus, um seinen Mitpatienten Ernesti, der in Wirklichkeit krank sei und sich einbilde, Albert Einstein zu sein, nicht zu verwirren: „Wenn Ernesti nun erführe, daß ich in Wirklichkeit Albert Einstein bin, wäre der Teufel los." In Wirklichkeit sei er, Newton, der berühmte Physiker und Begründer der Relativitätstheorie, der am 14. März 1879 in Ulm geborene Albert Einstein. Voß mißversteht auch dies und glaubt an eine Art Verbrüderung. Newton provoziert den Beamten und fragt ihn, ob er verhaftet werden solle, weil er die Krankenschwester erdrosselt oder die Atombombe ermöglicht habe. Bewußt kehrt er jetzt die Vorzeichen um und macht Voß klar, daß er einen Unschuldigen verhaften wolle. Newton erklärt sich als nicht verantwortlich und nennt Voß einen Kriminellen.

Hier prallen zwei Ordnungen aufeinander, die keine Beziehung mehr zueinander haben. Newton ist „eigentlich nur Physiker aus Ordnungsliebe geworden, um die scheinbare Unordnung in der Natur auf eine höhere Ordnung zurückzuführen." Diese Wahrheit vertuscht er durch Wortspiele und Exempel mit realem Bezug, die er zu seinem Vorteil darzustellen weiß. Die scheinbare sinnvolle Welt wird damit sinnlos. Voß dagegen verkörpert die bürgerliche Ordnung, die gedankenlos Resultate wissenschaftlicher Arbeit benutzt. Aber beide Welten lehnen die Verantwortung ab. Der eine

87

für die Atombombe, die heute jeder zur Explosion bringen kann, der andere für einen Mord, den ein offensichtlich Irrer begangen hat.

Später teilt Newton dem verstörten Möbius mit, daß er Dorothea Moser töten mußte, um jeden Verdacht zu vermeiden: „Schwester Dorothea hielt mich nicht mehr für verrückt, die Chefärztin nur für mäßig erkrankt, es galt meinen Wahnsinn durch einen Mord endgültig zu beweisen." Newton hat also mit Vorsatz gehandelt. Er ist ein Opportunist par exellence. Ihm geht es nur um die Freiheit der Wissenschaft, wobei es ihm gleichgültig ist, wer diese Freiheit garantiert. Newton lehnt jede Verantwortung des Physikers für seine Entdeckungen als Unsinn ab. Nur die Wissenschaft zählt für ihn, ganz gleich, ob die Menschheit bereits reif dafür ist, die Erkenntnisse sinnvoll zu nutzen.

Letztlich ist es Möbius, der Newton wieder in die Verantwortung nimmt, „um der kleinen Chance willen, die nun die Welt doch noch besitzt, davonzukommen." Geläutert entscheidet Alec Jasper Kilton, weiter in der Irrenanstalt zu leben. Letztlich sind es aber die Umstände und die Resignation — „Es ist aus" —, die ihn zwingen, seine Rolle wieder zu übernehmen:

„Ich bin Newton. Sir Isaak Newton. Geboren am 4. Januar 1643 in Woolsthorpe bei Grantham. Ich bin Präsident der Royal Society. Aber es braucht sich deshalb keiner zu erheben. Ich schrieb: Die mathematischen Grundlagen der Naturwissenschaft. Ich sagte: Hypotheses non fingo. In der experimentellen Optik, in der theoretischen Mechanik und in der höheren Mathematik sind meine Leistungen nicht unwichtig, aber die Frage nach dem Wesen der Schwerkraft mußte ich offenlassen. Ich schrieb auch theologische Bücher. Bemerkungen zum Propheten Daniel und zur Johannes-Apokalypse. Ich bin Newton. Sir Isaak Newton. Ich bin Präsident der Royal Society."

c) Einstein

Mit der Schnur der Stehlampe hat der Patient Ernst Heinrich Ernesti die Krankenschwester Irene Straub erdrosselt.

88

Nach der Tat beruhigt er sich beim Geigenspiel. Dazu muß ihn aber die Chefärztin auf dem Klavier begleiten. Einstein wurde vor zwei Jahren als Patient in die Heilanstalt „Les Cerisiers" eingewiesen. Er ist hager, hat wie Albert Einstein schlohweiße, lange Haare und trägt einen Schnurbart. Als Grund für seine Geisteskrankheit erklärt Fräulein von Zahnd dem Polizeiinspektor, bei Einstein wie auch bei Newton sei das Gehirn möglicherweise durch den Umgang mit radioaktiven Stoffen verändert worden: „Beide werden wahnsinnig, bei beiden verschlimmert sich die Krankheit, beide werden gemeingefährlich, beide erdrosseln Krankenschwestern."

In Wirklichkeit ist auch Einstein ein Geheimagent, der sich durch eine vorgegebene Krankheit Zugang zu dem Physiker Möbius verschafft hat. Er ist der bekannte Wissenschaftler Joseph Eisler, der seit 1950 „freiwillig verschollene" Entdecker des nach ihm benannten Effekts. Ebenso wie Newton beseitigt Einstein eine Krankenschwester: „Sie hatte Verdacht geschöpft, und damit war ihr Todesurteil gefällt." Einstein betont: „Ich konnte nicht anders handeln. Der Vorfall tut mir außerordentlich leid ... Befehl ist Befehl." Dagegen sagt Newton: „Ich mußte töten."

Einstein ist ausgeschickt worden festzustellen, ob Möbius die „einheitliche Theorie der Elementarteilchen" entdeckt hat. Sie gilt es zur Auswertung für seine Auftraggeber zu gewinnen. Auch Einstein ist der Ansicht, daß Physiker Pionierarbeit zu leisten haben, doch im Gegensatz zu Newton will er die Verantwortung nicht ausklammern. Wer der Menschheit gewaltige Machtmittel an die Hand gibt, habe auch das Recht, Bedingungen an das politische System zu stellen, dem er dient.

Im Streitgespräch der Physiker über Verantwortung und Machtmittel stellt Möbius seinen Kontrahenten die Frage nach der persönlichen Freiheit des Wissenschaftlers. Die Antwort ist jeweils negativ, denn für Newton wie für Einstein hat die Landesverteidigung Priorität. Und so ist auch für Einstein die Verantwortung und seine Entscheidung für ein politisches System nur ein dialektischer Vorwand: „Ich kann natürlich nur hoffen, die Partei befolge meine Ratschläge,

mehr nicht. Ohne Hoffnung gibt es nun einmal keine politische Haltung."
Einstein nimmt für sich in Anspruch, ein „anständiger Mensch" zu sein. Er leitet daraus seine Entscheidung ab, ebenfalls in „Les Cerisiers" zu bleiben, „gefangen, aber frei." Nachdem er erkannt hat, daß die Welt offenbar in die Hand einer verrückten Irrenärztin gefallen ist, übernimmt auch Einstein wieder seine Rolle:

> „Ich bin Einstein. Professor Albert Einstein. Geboren am 14. März 1879 in Ulm. 1902 wurde ich Experte am Eidgenössischen Patentamt in Bern. Dort stellte ich meine spezielle Relativitätstheorie auf, die die Physik veränderte. Dann wurde ich Mitglied der Preußischen Akademie der Wissenschaften. Später wurde ich Emigrant. Weil ich ein Jude bin. Von mir stammt die Formel $E = mc^2$, der Schlüssel zur Umwandlung von Materie in Energie. Ich liebe die Menschen und liebe meine Geige, aber auf meine Empfehlung hin baute man die Atombombe. Ich bin Einstein, Professor Albert Einstein. Geboren am 14. März 1879 in Ulm."

d) Fräulein von Zahnd

Dürrenmatt läßt die Gegenspielerin der drei Physiker zunächst in durchaus positivem Licht erscheinen. Dr. h. c. Dr. med. Mathilde von Zahnd ist die Gründerin der Irrenanstalt „Les Cerisiers". Sie ist nicht verheiratet, etwa 55 Jahre alt und entstammt „einer mächtigen autochthonen Familie, deren letzter nennenswerter Sproß sie ist." Die Ärztin gilt als „Menschenfreund" und als „Psychiater von Ruf, man darf ruhig behaupten: von Weltruf (Ihr Briefwechsel mit C. G. Jung ist eben erschienen)," heißt es in der Einleitung. Ihre Berufswahl begründet die Ärztin mit der Bemerkung: „Wir Irrenärzte bleiben nun einmal hoffnungslos romantische Philantropen."
In ihrer ‚Villa' lebten ursprünglich „vertrottelte Aristokraten, arteriosklerotische Politiker — falls sie nicht noch regieren — debile Millionäre, schizophrene Schriftsteller, manisch-depressive Großindustrielle usw., kurz, die ganze geistig ver-

90

wirrte Elite des Abendlandes." Diese „prominenten und nicht immer angenehmen Patienten" sind nach dem ersten Mordfall in „Les Cerisiers" in den inzwischen neuerbauten Pavillions untergebracht worden. Der Altbau beherbergt nur noch die drei Physiker. Mit ihrem ersten Auftreten gibt die Ärztin bereits zu verstehen, daß sie sich gegen ihre Umwelt durchzusetzen weiß. Sie berichtet Kriminalinspektor Voß, ihr Vater, Geheimrat August von Zahnd, habe sie gehaßt „wie die Pest, er haßte überhaupt alle Menschen wie die Pest." Ihre Welt scheint festgefügt und nicht beeinflußbar. So kann sie auch sagen: „Für wen sich meine Patienten halten, bestimme ich. Ich kenne sie weitaus besser, als sie sich selber kennen."

Als der Inspektor sie mit dem Hinweis auf die ungenügenden Sicherheitsmaßnahmen in „Les Cerisiers" zu verunsichern versucht, betont Fräulein von Zahnd, daß es für die beiden „Unglücksfälle", die Ermordung der Krankenschwestern, medizinisch keinerlei Erklärung gebe. Sie weist jede Verantwortung von sich und weckt dann geschickt den Verdacht, daß Radioaktivität möglicherweise zu Veränderungen im Gehirn der Physiker Einstein und Newton geführt haben könnte, d. h. Einwirkungen von außen haben das Fehlverhalten gegenüber der normalen Ordnungswelt verursacht. Die Ärztin nimmt sich selbst und den Kriminalinspektor nicht davon aus, auch unter bestimmten Voraussetzungen zu töten. Sie schwächt diese Feststellung aber für ihre Person wieder ab: „Meine Familie ist so alt, daß es beinahe einem kleinen medizinischen Wunder gleichkommt, wenn ich für relativ normal gelten darf, ich meine, was meinen Geisteszustand betrifft."

Nach dem dritten Mordfall ändert sich die Verhaltensweise der Ärztin grundlegend. Fräulein von Zahnd scheint innerlich gebrochen zu sein. Sie würdigt Monika Stettler als eine gute Krankenschwester. Sie bedauert ihren Verlust, vergißt aber nicht voller Egoismus hinzuzufügen: „Aber ihr Tod ist nicht das Schlimmste. Mein medizinischer Ruf ist dahin." Erst später wird deutlich, daß die Ärztin ihre Umwelt bewußt hinters Licht führt. So ist auch ihre Bereitschaft zu verstehen, der Forderung des Staatsanwaltes nach Einstellung von Krankenpflegern nachzugeben. Damit ist die Ordnung wieder hergestellt und Voß kann sich die wohlverdiente Zigarre anzünden sowie ein Glas Kognak trinken.

In diese scheinbar wieder heile Welt — die Physiker haben sich für den Verzicht auf die Weitergabe ihres tödlichen Wissens entschieden und die Polizei ist von der Wirksamkeit der getroffenen Sicherheitsmaßnahmen überzeugt — brechen Fräulein von Zahnd und ihre Helfer ein. Die Krankenpfleger, ihre Erfüllungsgehilfen, tragen jetzt schwarze Uniformen wie SS-Schergen. Sie sind bewaffnet und haben die ‚Villa' zu einem Gefängnis gemacht. Die Ärztin läßt das Bild ihres Vaters über dem Kamin auswechseln, an seine Stelle wird ein Porträt des Generals Leonidas von Zahnd aufgehängt: „Er liebte Heldentode, und so was hat in diesem Haus ja nun immer stattgefunden."

Fräulein von Zahnd hat auch ihr Verhalten gegenüber den drei Physikern grundlegend geändert. Hinter dem Philantropen verbirgt sich ein wahres Monstrum. Ihr Ton ist hart und befehlend. Sie wird vom Oberpfleger Sievers mit „Boß" angesprochen und reagiert auch nicht mehr auf die sentimental-lyrischen Äußerungen ihrer Patienten. Newton und Eisler werden entwaffnet, ihre Geheimsender sichergestellt. Die drei Physiker, von Scheinwerfern wie bei einem Verhör angestrahlt, erfahren die Wahrheit.

In nunmehr schwärmerischer Art enthüllt die Ärztin ihr Geheimnis: „Auch mir ist der goldene König Salomo erschienen." Er sei von den Toten auferstanden, „er wollte die Macht wieder übernehmen, ... er hatte seine Weisheit enthüllt, damit in seinem Namen Möbius auf Erden herrsche." Doch Möbius habe den König verraten:

„Er versuchte zu verschweigen, was nicht verschwiegen werden konnte. Denn was ihm offenbart worden war, ist kein Geheimnis. Weil es denkbar ist. Alles Denkbare wird einmal gedacht. Jetzt oder in der Zukunft. Was Salomo gefunden hatte, kann einmal auch ein anderer finden, es sollte die Tat des goldenen Königs bleiben, das Mittel zu seiner heiligen Weltherrschaft, und so suchte er mich auf, seine unwürdige Dienerin."

Jahrelang hat sie Möbius mit Medikamenten betäubt und seine Aufzeichnungen photokopiert. Damit waren alle Voraussetzungen gegeben, das „Weltunternehmen" zu starten. Ihr Triumph ist total und Mathilde von Zahnd verfügt über

92

mehr Macht, als ihre Vorfahren sie je besaßen. Der Zufall hat „nicht zugunsten der Welt, aber zugunsten einer alten, buckligen Jungfrau" entschieden, die „unfruchtbar, nur zur Nächstenliebe geeignet ist. Da erbarmte sich Salomo meiner."

Die Rechnung der Ärztin ist aufgegangen. Sie hat ihre drei Krankenschwestern konsequent auf die Wissenschaftler gehetzt. „Mit eurem Handeln konnte ich rechnen. Ihr waret bestimmbar wie Automaten und habt getötet wie Henker." Die Morde verlieren damit den sakralen Charakter, den die Physiker ihren Taten zuschreiben wollen. Newton, Einstein und Möbius sind blindlings in die ihnen gestellte Falle getappt. Ihr Opfer und ihre Sühnebereitschaft sind sinnlos geworden. Deshalb leben sie in Zukunft nicht mehr in einer Anstalt, sondern im „Schatzhaus" eines Konzerns: „Ihr seid in euer eigenes Gefängnis geflüchtet. Salomo hat durch euch gedacht, durch euch gehandelt, und nun vernichtet er euch. Durch mich."

Im Gegensatz zu Möbius hat Fräulein von Zahnd keine Angst, Salomos Auftrag, die Weltherrschaft anzutreten, anzunehmen: „Ich aber übernehme seine Macht. Ich fürchte mich nicht."

e) Kriminalinspektor Voß

Richard Voß, ein Kriminalbeamter „vierzehnter Klasse", wird in der Irrenanstalt „Les Cerisiers" mit einer Welt konfrontiert, die ihm mit ihren Verboten und Gepflogenheiten völlig fremd ist. So ordnet er sich zunächst recht unfreiwillig allem unter. Ihm ist zum Beispiel unverständlich, daß Irre von Schwestern gepflegt werden. Mit männlichem Personal wären nach seiner Ansicht die Frauen nicht ermordet worden. Dem Kriminalinspektor will es auch nicht in den Kopf, daß ein Mörder nicht zum Verhör vorgeführt werden kann, weil er aus ärztlichen Gründen, um sich zu beruhigen, erst einmal mit der Chefärztin Hausmusik machen muß. Voß stellt deshalb die Frage: „Bin ich eigentlich verrückt?" Die Oberschwester verneint dies und der Inspektor meint entschuldigend: „Man kommt ganz durcheinander."

93

Das Gespräch mit Newton, der vor drei Monaten die Krankenschwester Dorothea Moser erdrosselte, verwirrt ihn noch mehr. Der Physiker nutzt diese Unsicherheit aus und Voß muß sich am Ende sagen lassen, daß er „der Kriminelle" ist: „Sie sollten sich selbst verhaften, Richard." Auch die Chefärztin scheut sich nicht, den Inspektor zu verwirren. Er fühlt sich erst entlastet, als sie der Anordnung des Staatsanwaltes zustimmt, Pfleger einzusetzen.

Nach dem Mord an Monika Stettler muß Voß erneut nach „Les Cerisiers" kommen. Aber diesmal weiß er sich auf die Situation einzustellen. Die Aufforderung des Physikers Möbius, ihn zu verhaften, lehnt er ab: „Nach Ihrem eigenen Geständnis haben Sie auf Befehl des Königs Salomo gehandelt. Solange ich den nicht verhaften kann, bleiben Sie frei." Voß, der bis dahin dem Prinzip „Gerechtigkeit ist Gerechtigkeit" zu dienen glaubte, fühlt sich zum erstenmal aus der Verantwortung seines Berufes entlassen:

„Ich genieße es auf einmal. Ich könnte jubeln. Ich habe drei Mörder gefunden, die ich mit gutem Gewissen nicht zu verhaften brauche. Die Gerechtigkeit macht zum ersten Male Ferien, ein immenses Gefühl. Die Gerechtigkeit ... strengt nämlich mächtig an, man ruiniert sich in ihrem Dienst, gesundheitlich und moralisch, ich brauche einfach eine Pause ..."

Die Befreiung vom Zwang zum Handeln gibt Richard Voß die Sicherheit, nicht falsch zu handeln.

f) Familie Rose / Monika Stettler

Familie Rose, die zum ärztlich genehmigten Treffen mit Möbius in die ‚Villa' gekommen ist, enthüllt die bürgerliche Ordnung in ihrer ganzen Starrheit. Alles läuft im vorgeschriebenen Rahmen ab. Frau Lina Rose bringt ihre drei Kinder mit, weil sie es für „schicklich" hält, „wenn meine Buben vor der Abreise ihren Vater kennenlernen. Zum ersten und zum letzten Mal." Sie ist unsicher und offenbar voller Schuldgefühle gegenüber ihrem Mann aus erster Ehe. Aus diesem Grund ist sie dankbar für das Verständnis, daß ihr die Ärztin für ihre Bindung an den Missionar Rose entgegenbringt. Fräulein von Zahnd bescheinigt ihr, nachdem sie

94

über den Verlauf der Ehe mit Möbius unterrichtet worden ist: „Frau Rose, Sie sind eine mutige Frau." Missionar Rose fügt hinzu: „Und eine gute Mutter." Frau Rose ist finanziell am Ende. Zugleich weist sie jeden möglichen Gedanken zurück, sie habe Oskar Rose nur geheiratet, um die Kosten für die Unterbringung von Möbius in der Heilanstalt nicht mehr zahlen zu müssen: „Aber das stimmt nicht. Ich habe es jetzt noch schwerer. Oskar bringt sechs Buben in die Ehe mit . . . und Oskar ist durchaus nicht robust, seine Besoldung kärglich." Frau Rose hegt für ihren ersten Mann immer noch Gefühle der Verantwortung. Sie hat Möbius wohl nie geliebt, war aber zu allen Opfern bereit und fühlt sich schließlich in ihrer Rolle als Mutter wohl.

Oskar Rose, Missionar und „leidenschaftlicher Vater", ergänzt diesen Eindruck. Bei jeder passenden oder unpassenden Gelegenheit zitiert er einen Bibelspruch. Seine christlich motivierte Nächstenliebe begrenzt sich auf die normale Welt. Daß Möbius dem König Salomo erscheint, ist für ihn eine „traurige, beklagenswerte Verwirrung." Sein „strammes Urteil" erstaunt sogar Fräulein von Zahnd.

Diese Idylle zerstört der Physiker Möbius. Sein Gespräch mit Frau und Kindern kennzeichnet einen harten Ton. Möbius will mit allem nichts mehr zu tun haben. Er lehnt die in Konventionen erstarrte Liebe ab und provoziert seine Umwelt bewußt. Mit dem Gegen-Psalm stellt Möbius die pervertierte Ordnung der bürgerlichen Welt bloß.

Schwester Monika Stettler repräsentiert zunächst die karitative Liebe. Sie pflegt Möbius seit zwei Jahren und kennt das Geheimnis des Physikers, nämlich, daß er vorgibt, wahnsinnig zu sein. In ihrer Naivität ist es ihr aber unverständlich, daß Möbius jetzt seine Familie „mit gutem Gewissen vergessen" kann und für ihn „nur das Leben außerhalb der Anstalt zählt." Gerade in dieses Leben will Monika Stettler den Physiker zurückführen. Die Basis dafür soll nach ihrer Vorstellung ein bürgerliches Leben bieten. Ihre karitative Zuneigung zu Möbius wandelt sich in erotisches Verlangen:

„Fünf Jahre habe ich nun die Kranken gepflegt, im Namen der Nächstenliebe. Ich habe mein Gesicht nie abgewendet, ich war für alle da, ich habe mich aufge-

95

opfert. Aber nun will ich mich für jemanden allein aufopfern, für jemanden allein dasein, nicht immer für andere. Ich will für meinen Geliebten dasein ... Ich will alles tun, was Sie von mir verlangen, für Sie arbeiten Tag und Nacht, nur fortschicken dürfen Sie mich nicht! Ich habe doch auch niemanden mehr auf der Welt als Sie! Ich bin doch auch allein!"

Ihr Wunsch zur totalen Aufopferung, wie Frau Rose sie in den Jahren ihrer Ehe mit Möbius bereits praktiziert hat, kollidiert mit der Opferbereitschaft, die der Physiker aus dem Gefühl der Verantwortung gegenüber der Welt zu bringen bereit ist. Wenn Möbius zu Schwester Monika von Liebe spricht, so ist sie nur ein Teil jener Menschheit, der er sich aus Liebe versagen muß. Monika Stettler versteht Liebe als persönliches Eheglück mit Möbius. Auch ihr Versuch, in die angebliche Wahnwelt des Wissenschaftlers zu schlüpfen, scheitert. Möbius ist dieser Konfliktsituation nicht gewachsen. Er bringt Monika Stettler deshalb um.

5.5 Kommentar

Dürrenmatts Dramatik geht von unauflösbaren Konflikten aus. Für ihn gibt es keine absolute Kausalität, weil es den Zufall gibt (Punkt 4). Zu Recht spricht Gerhard Neumann von einer „Dramaturgie der Panne". Er schreibt:

„Eine Panne kann zur Teleologisierung der Welt führen, eine Panne kann sie verhindern und die Welt zu einem Konglomerat von Zufällen entwerten. Dürrenmatts Dramaturgie der Panne beruht auf seiner Deutung des ‚Zufalls' als des wissenschaftlichen Bruders der Freiheit! Eine Welt der Technisierung und der Anonymität mußte zu dieser Umdeutung führen: Der Zufall in seiner Trivialität und folgenlosen Unberechenbarkeit als einzig mögliche Form der Freiheit; die einzig mögliche Freiheit als eine Freiheit zur Panne." (G. Neumann, J. Schröder, M. Kornick: Dürrenmatt, Frisch, Weiss, München 1969, S. 52).

Unter diesen Prämissen ist es Dürrenmatt nicht möglich, klare Antworten auf die Probleme und Fragen unserer Zeit

96

zu geben. Aus rationalen Gründen glaubt er auch nicht an die Sinnlosigkeit des Daseins. Für ihn ist das Leben schlechthin paradox, aber nicht absurd. Seiner Ansicht nach kann das Theater mithelfen, die Welt zu erkennen, indem ihre Widersprüchlichkeit mit den Mitteln der Bühne dargestellt wird. Die Bewältigung der Probleme bleibt dem Publikum überlassen. In diesem Fall heißt das Problem: Atombombe.

Hans Bänziger hat festgestellt, daß sich Dürrenmatt sehr früh mit Kernfragen der Atombombe auseinandergesetzt hat. Um diesen Themenkreis bewegen sich bereits eine Reihe von Sketches, die Dürrenmatt Ende der Vierziger Jahre für das Kabarett „Cornichon" schrieb (Hans Bänziger: Frisch und Dürrenmatt, München 1960. S. 123). Er selbst stellt später fest:

> „. . . Die Atombombe kann man nicht mehr darstellen, seit man sie herstellen kann. Vor ihr versagt jede Kunst als eine Schöpfung des Menschen, weil sie selbst eine Schöpfung des Menschen ist. Zwei Spiegel, die sich ineinander spiegeln, bleiben leer." (Friedrich Dürrenmatt: Theaterprobleme. Zürich 1955, Seite 45).

An anderer Stelle schreibt Dürrenmatt:

> „Unsere Welt hat ebenso zur Groteske geführt wie zur Atombombe, wie ja die apokalyptischen Bilder des Hieronymus Bosch auch grotesk sind. Doch das Groteske ist nur ein sinnlicher Ausdruck, ein sinnliches Paradox, die Gestalt nämlich einer Ungestalt, das Gesicht einer gesichtslosen Welt, und genauso wie unser Denken ohne den Begriff des Paradoxen nicht mehr auszukommen scheint, so auch die Kunst, unsere Welt, die nur noch ist, weil die Atombombe existiert: aus Furcht vor ihr." (a. a. O., Seite 42).

In diese Welt stellt Dürrenmatt seine Fiktionen, sein Spiel mit der Wirklichkeit. Für ihn ist der Mensch

> „. . . ein Wesen, das nur durch paradoxe komödiantische Mittel, Formen dargestellt werden kann, denn der Mensch geht nicht auf wie eine Rechnung, und wo der Mensch so aufgeht, ist die Rechnung sicher gefälscht. Anders ausgedrückt: Das komödiantische ist meine dramaturgische, ich möchte fast sagen, meine wissenschaftliche Methode, mit der ich mit den Menschen

experimentiere, um oft Resultate zu erhalten, die mich allerdings oft selber verblüffen." (Werkstattgespräch Horst Bieneck-Friedrich Dürrenmatt, NZZ, 10. 3. 1972).

Diese provokanten Thesen hat Dürrenmatt in seiner Komödie „Die Physiker" voll verwirklicht. Er beschwört das Bild einer negativen Apokalypse, die Vision der Atombombe, „... diesen wundervollen Pilz, der da aufsteigt und sich ausbreitet, makellos wie die Sonne, bei dem Massenmord und Schönheit eins werden." (Theaterprobleme). Ganz bewußt wendet sich der Autor aber gegen jeden Versuch, seinen „Einfall" oder seine „Geschichte" ethisch-moralisch oder ideologisch zu interpretieren. In den „Physikern" stellt Dürrenmatt „eine Welt auf, keine Moral, wie man mir bisweilen andichtet ..." (Nachwort zu „Der Besuch der alten Dame.")

Für ihn lautet die entscheidende Frage, welche Verantwortung tragen Physiker in der Welt von heute. „Wir sind in unserer Wissenschaft an die Grenzen des Erkennbaren gestoßen", erklärt Möbius. Die Schöpfung der Atombombe ist die Grenze, sie ist das Absurde und sie macht den der Technik hörigen Menschen, der sich als Prometheus fühlt und gottgleich sieht, mehr zum Sisyphos der griechischen Mythologie. In einer Rede auf dem Volksbühnentag führte Dürrenmatt im Juni 1970 u. a. aus:

„Die moderne Welt ist ein Ungeheuer, das mit ideologischen Formeln nicht mehr zu bewältigen ist. Wenn der Mathematiker Hilbert von den Physikern meinte, die Physik sei eigentlich für sie zu schwer geworden, so kann man von den Stückeschreibern sagen, die Welt sei für sie zu kompliziert geworden. Wir leben in einer Welt der verlorenen Einheit, die nur immer teilweise darstellbar ist. Nicht ein einzelner Stückeschreiber, sondern die Summe der Stückeschreiber aller Zeiten gibt ein annäherndes Bild dieser Welt wieder. Daraus haben wir die Konsequenzen zu ziehen. Meine Aufgabe als Theaterarbeiter besteht darin, Stücke zu schreiben und nach Möglichkeit zu realisieren und manchmal jene Stücke der Klassiker zu bearbeiten, die wertvoll, aber für die heutige Zeit schwer verständlich geworden sind. Ich suche auf meine Weise, die Aufgaben zu lösen, die mir das heutige Theater stellt, und scheue mich auch nicht, Aufträge anzunehmen. Über den Erfolg entscheidet das Publikum, über den Wert die Zeit.

Es stimmt, die Gefahr, die eine Nation bedroht, vermag das Theater wieder wichtig zu machen, aber sich deshalb eine solche Gefahr zu wünschen, wäre ein Schildbürgerstreich sondergleichen. Die heutige Zeit mit ihren ungeheuren technischen Illusionsmöglichkeiten hat das Theater entmachtet, aber es auch wieder zum Theater gemacht, wenn auch zu einem Theater im Winkel. Die Frage, wie das Theater den Frieden überlebt, ist nur zu lösen, indem der Friede gelöst wird: der Friede ist unser aller Problem, ihn halten wir weniger aus als Kriege. Der Friede bringt die Menschheit in einen Konflikt, vor dem sie sich immer wieder in den Krieg flüchtet, statt jenen zu lösen. Der Konflikt besteht darin, daß die einen eine Welt wollen, in der es ihnen immer besser geht, und die anderen sich eine vernünftigere Welt wünschen: auch uns Dramatikern geht es um eine vernünftigere Welt. Mag das Theater nebensächlich geworden sein, so ist es doch eine der Chancen geblieben, die Welt zu erkennen, indem sie mit den Mitteln der Bühne dargestellt wird. An Ihnen, den Zuschauern, liegt es, diese Chance zu erkennen. Wird diese Chance wahrgenommen, wird aus einer an sich nebensächlichen Angelegenheit wieder eine wichtige." (FAZ 8. 6. 1970; vgl. auch Jungk a. a. O., Seite 20 f.)

Die Menschheit vor der Zeitwende! Unter solchen Gegebenheiten wäre Platz für einen Helden, der das Problem aus Liebe und Verantwortung zu den Menschen lösen würde. Aber Dürrenmatt will verdeutlichen, daß auch Anti-Heroen verantwortungsvoll handeln können, selbst wenn sie scheitern. Möbius wählt die Narrenkappe und läßt sich in ein Irrenhaus sperren. „Die Vernunft forderte diesen Schritt." Seine Opferbereitschaft und sein Heldentum sind dennoch sinnlos. Die Welt, in der er sich befindet und die er erhalten will, ist seinem Streben ungünstig gesinnt, sie ist zu sehr erstarrt, als daß sie sich noch formen ließe. Der Anti-Held wird der erstarrten Welt gleichgemacht und in das absurde Streben nach Übermenschentum integriert.

Es ist immer wieder versucht worden, eine direkte Verbindungslinie zwischen dem Werk von Bertold Brecht und dem

99

Schaffen Dürrenmatts herzustellen. Im Gespräch mit Horst Bienek betont er:

> „Ich berufe mich nicht auf Brecht, man will mich mit Brecht verhaften, das ist ein Unterschied, so wie man mich immer gegen Max Frisch ausspielt oder umgekehrt. Deutsche Kritiker, aber auch heute französische, stellen sich vor, ein deutscher Dramatiker lese nichts als Brecht, schreibe nichts als Brecht usw. Ich halte sehr viel von ihm, ich halte aber auch sehr viel von anderen großen Dramatikern . . . " (NZZ 10. 3. 1972)

Dürrenmatt sieht in Brecht den Tendenzkünstler, der alles auf seine Idee abstellt. Seine Dramen leben nicht vom „Einfall", wie man eine Geschichte darstellen könnte. „Brecht denkt unerbittlich, weil er an vieles unerbittlich nicht denkt." (NZZ, 23. 3. 1973)

Oskar Keller hat den interessanten Versuch unternommen, Dürrenmatts „Physiker" und Brechts „Leben des Galilei" zu vergleichen. Zum Problem des „Heldentums" wird darin festgestellt, daß Galilei kein Held sein will. Er kapitulierte bedingungslos vor den Mächtigen und versagt vor der Verantwortung, nämlich die Wahrheit zu verkünden. Dürrenmatt habe sich dem mutigen Menschen verschrieben, der bereit ist, seine Schuld einzusehen. So könne Möbius zu Monika Stettler sagen: „Mut ist in meinem Fall ein Verbrechen." Keller hebt hervor: „Galilei will kein Held sein, Möbius kann in der modernen Welt kein Held mehr sein. Er kann nicht lösen, was alle angeht und muß scheitern; sein Opfer blieb wirkungslos und war damit sinnlos." (Keller, Oskar: Friedrich Dürrenmatt „Die Physiker", München 1974).

Dieser zynische Fatalismus unterscheidet Dürrenmatts „Physiker" von den Atomstücken zwischen Zuckmayer, Kipphardt, Hans Henry Jahnn und Rehfisch. Er läßt seine „Physiker" in einer grotesken Situation enden: „Im Paradoxen erscheint die Wirklichkeit." (Punkt 19). Seine „Geschichte" ist so amüsant und spannend wie ein Kriminalroman, doch nicht ohne Ernst. Sie dreht sich um folgende Kernsätze:

1. „Was wir denken, hat seine Folgen."
2. „Wir müssen unser Wissen zurücknehmen."
3. „Alles Denkbare wird einmal gedacht. Jetzt oder in Zukunft."

4. „Was einmal gedacht wurde, kann nicht mehr zurückgenommen werden."

Drei „irre" Physiker werden von einer berühmten Ärztin in einer Heilanstalt betreut. Jeder von ihnen begeht aus vernünftigen Gründen einen Mord und die Polizei kann nur Protokolle des Geschehens aufnehmen, denn die „Kranken" haben die Justiz außer Funktion gesetzt.

In „Punkt 5" zu den Physikern schreibt Dürrenmatt: „Die Kunst des Dramatikers besteht darin, in einer Handlung den Zufall möglichst wirksam einzusetzen." Der Autor erreicht dieses Ziel, indem sich die drei „irren" Wissenschaftler plötzlich als „normal" offenbaren: Newton als Agent eines westlichen und Einstein als Mitarbeiter eines östlichen Geheimdienstes. Jeder von ihnen will Möbius, „den größten Physiker aller Zeiten", auf seine Seite ziehen. Wechselseitig liefern sie ihre Geheimnisse aus. „Planmäßig vorgehende Menschen wollen ein bestimmtes Ziel erreichen. Der Zufall trifft sie dann am schlimmsten, wenn sie durch ihn das Gegenteil ihres Ziels erreichen: Das, was sie befürchten, was sie zu vermeiden suchten (z. B. Oedipus). (Punkt 9)." Fräulein von Zahnd weiß alles. Unter ärztlichem Vorwand hat sie sich Zugang zu den Papieren des Wissenschaftlers Möbius verschafft und Photokopien angefertigt, bevor „die Formel aller nur denkbaren Erfindungen" vernichtet werden konnte. Unter der Herrschaft der Irrenärztin beginnt nun die Produktion des Weltunternehmens. Unter den angeblich „Verrückten" ist Mathilde von Zahnd die einzig wirkliche Irre.

Diese „groteske Geschichte" hat Dürrenmatt mit brillanten dramaturgischen Mitteln zu einem der bedeutendsten Bühnenwerke der Jetzt-Zeit verdichtet. Bereits in der ausführlichen Eingangsbeschreibung heißt es:

„Das Örtliche (spielt) eigentlich keine Rolle, wird hier nur der Genauigkeit zuliebe erwähnt, verlassen wir doch nie die ‚Villa' des Irrenhauses ... auch den Salon werden wir nie verlassen, haben wir uns doch vorgenommen, die Einheit von Raum, Zeit und Handlung streng einzuhalten; einer Handlung, die unter Verrückten spielt, kommt nur die klassische Form bei."

Klassisch ist die Form, auch die Aufteilung der Komödie in zwei Akte. Das Publikum wird in die Pause entlassen, wenn die Handlung noch alle Möglichkeiten der Entwicklung offenläßt. Wie in einem guten Kriminalroman schafft das retardierende Moment die notwendige Spannung. Die Stilmittel der Komödie — Verwechslungseffekte, Situationskomik, Wortspiele. Mißverständnisse — wecken Interesse und die Bereitschaft, in der vom Zufall bestimmten Handlung mitzugehen. Da die „Geschichte" in einem Irrenhaus spielt, werden an diesen Ort von vornherein phantastische Erwartungen geknüpft. Dem Normalen wird eine Welt außerhalb der Norm vorgeführt. Auf das belustigte Zuschauen folgt dann tiefe Betroffenheit. Der Weg dahin führt von der Exposition über ansteigende Handlung und Wendepunkt hin zur Lösung und zum Schluß. Die Peripetie wird szenisch durch das Auswechseln des Porträts über dem Kamin gegen Ende des zweiten Aktes angezeigt.

Bild, Sprache und Konstellation der Hauptpersonen verstärken die Absicht, das Grundproblem in bestimmten Situationen schwerpunktmäßig zu verdichten. Die Sprache ist zuweilen banal, sie wird oft bewußt ihrer Aussagekraft und ihrer Eindeutigkeit entkleidet. Die Dialoge sind kurz geschnitten. Sie werden erweitert, um mögliche Lösungen, im negativen oder positiven Sinne, transparent zu machen. Besondere Bedeutung kommt dabei den Schlußmonologen zu. Sie bilden die Reaktion auf die resignierende Feststellung: „Was einmal gedacht wurde, kann nicht mehr zurückgenommen werden."

Newton-Kilton klammert sich an seine Theorie „hypotheses non fingo"! Das heißt für ihn, Lehren dürfen sich nur auf beweisbare Tatsachen gründen. Sein Ideal von der allumfassenden Wissenschaft sieht lediglich den Erfolg ohne die möglichen Folgen für die Menschen.

Einstein-Eisler steht vor dem Dilemma zwischen der ethischen Forderung: „Ich liebe die Menschen und liebe meine Geige" und den Aufgaben des Wissenschaftlers: „Auf meine Empfehlung hin baute man die Atombombe." Im entscheidenden Gewissenskonflikt steht er allein, obwohl er sich für eine Partei entschieden hat.

Bei Möbius ist das Verantwortungsgefühl am stärksten ausgeprägt. Aber er steht im Bilde König Salomos als Mächtiger

102

im Elend da und unterliegt der Weltmächtigkeit: „Jeder Versuch eines Einzelnen für sich zu lösen, was alle angeht, muß scheitern." (Punkt 18).

Damit ist die „Geschichte" zu Ende gedacht, denn sie hat „ihre schlimmstmögliche Wendung genommen." Aus der Distanz stellt Dürrenmatt fest: „Die Dramatik kann den Zuschauer überlisten, sich der Wirklichkeit auszusetzen, aber nicht zwingen, ihr standzuhalten, oder sie gar zu bewältigen." (Punkt 21).

6. Kritik und Wirkung
(ausgewählte Stimmen 1962–1975)

Neue Zürcher Zeitung vom 23. 3. 1963

„... Blickt man auf den Abend zurück, so gewinnt man den Eindruck, ein erstaunliches Werk kennengelernt zu haben. Seine Stärke: die Verdichtung der axiomatisch gesetzten Positionen zu theatralischen Szenen von unmittelbarer mimischer Aussagekraft. Seine Schwäche: die Unausgeglichenheit der beiden Akte. Das Hauptgewicht im Theatralischen wie im Gehaltlichen liegt durchaus am Schluß, so sehr, daß der exponierende erste Teil erst vom Ende her die nötige Verständlichkeit gewinnt. Dies erweist sich im vorliegenden Fall als möglicher Fehler: der Zuschauer wird gleichsam nicht à jour gebracht; unvorbereitet begreift er nicht, weshalb der Mord an Schwester Monika einer inneren Notwendigkeit entsprechen soll; er begibt sich eher ratlos in die Pause. Was im ersten Akt geboten wird, ist oft Handwerk, freilich gutes, auf vielfachen Erfahrungen beruhendes Theaterhandwerk, weniger nie. Um so überwältigender bewährt sich Dürrenmatt im zweiten Teil seines Stücks. Eine Folge von Szenen spielt sich vor uns ab, in denen Dämonisches und Groteskes, kühle Argumentation und skurrile Effekte, vordergründige Kreatürlichkeit und beängstigende Spekulationen in reichster Stufung wechseln und ineinandergreifen. Was Dürrenmatt hier aus den Maskierungen gewinnt, wie er etwa das Geigenspiel Einsteins einsetzt, wie er die Positionen fortlaufend vertauscht: das ist nicht nur virtuos, es ist einzigartig.

Vor einigen Wochen war es Max Frisch, heute ist es Dürrenmatt, der sich beim Zürcher Schauspielhaus für eine authentische Aufführung seines jüngsten Werkes bedanken darf. Kurt Horwitz hat „Die Physiker" in Zusammenarbeit mit dem Autor ebenso sachkundig wie sorgfältig auf der Bühne realisiert. Das Ergebnis ist eine Darstellung von großer Differenziertheit, welche die Vorzüge ins Licht rückt und selbst mögliche Längen oder Schwächen durch überlegte mimische Theateraktionen zu überspielen sucht. Dürrenmatts

104

Komödie „Die Physiker" wird im Theaterleben der Gegenwart Epoche machen."

Frankfurter Allgemeine Zeitung vom 26. 2. 1962

„. . . hier ist voll auskristallisiertes Theater. Hier ist Raum für den Schauspieler, hier Raum für den Bühnenbildner, hier eine bindende Aufgabe für den Regisseur. Wie Dürrenmatts erstes Stück von Kurt Horwitz betreut wurde, so auch dieses letzte. Es war eine Aufgabe, wie sie nur providentiell genannt werden kann. Denn Horwitz weiß wie wenige, was lebendige Klassik ist. Er weiß das Klassische in all seinen Formen aufzuspüren und herauszuholen. Er ist kein Klassizist. Er weiß die Schönheit des nackten, unverstellten Baues vor Augen zu führen. Er weiß um die Kunst der Fuge. Teo Otto hat ein Interieur von einer sehr leisen, versteckten Verrücktheit geschaffen, die man mehr mit den Nerven als mit dem Auge aufnimmt, ein Bild ohne jeden Selbstzweck — vorbildlich. Und Darsteller hat diese Uraufführung, wie sie in den Hauptrollen nicht übertroffen werden dürften und wie sie den kleineren Rollen wohl anstehen. Die Figur der Irrenärztin hat Dürrenmatt wie seine Alte Dame eigens für Therese Giehse geschrieben. Sie verkörpert sie mit halluzinatorischer Kraft, schon in der Erscheinung wird sie mit fast unmerklichen Mitteln zu einem Gespenst aus Fleisch und Blut, zu einem höchst realen, ja sogar nötigenfalls einmal gemütlichen Ungeheuer. Die drei Physiker werden von einem ebenfalls fast providentiell zu nennenden Trio gespielt: Knuth, Lingen, Blech. Knuth blinkt mit seiner ganzen gütigen Pfiffigkeit immer wieder durch die Ritzen seiner Rolle, phantastisch, schlaumeierig, wirklich, anständig und von lachender Courage, groß aber auch im Ernst — so liebenswert noch im Grotesken, wie vielleicht nur er es sein kann. Lingen hat wenig Text — man macht es sich nur mit Mühe klar. Denn da ist eine Dichte der Erscheinung, eine Dichte der blassen Gewichtslosigkeit, ein Peter Schlemihl, schattenlos, lautlos, sein Lachen klingt wie Weinen und seine Worte wiegen wie Schweigen. Lingens erster Auftritt, wo er seine Geige in sparsamsten Tönen anzupft, läßt das Leben einen Augenblick stillstehen. Er hat als „Einstein" den Satz zu sprechen: „Ich liebe die Menschen und liebe meine Geige, aber auf meine Empfehlung hin baute man die Atombombe." Er spricht ihn so, wie man ihn sprechen muß. Wie viele vermöchten es aber? Blech ist der Mittelpunkt des Stücks, der „größte Physiker aller Zeiten", der sich opfernde Tapfere, der „in sein eigenes Gefängnis geflüchtet" ist. Blech ist noch mehr. Er ist der deutsche Schauspieler von heute. Ein Glied der „geopferten Generation", der man so oft die Freiheit des großen Spiels versagt glauben konnte. Auch ein „verhinderter Held", ein zur bloßen Tapferkeit Verurteilter und ein triumphaler Sieger. Sein Triumph liegt in der Verhaltenheit, die kein Unterspielen ist, in der soldatischen Knappheit, in der Befruchtung aller Widerstände. Sein hartes Gesicht mit den gefangenen, gehetzten Augen, seine wie in Holz geschnitzten Ausdrucksbahnen, seine ganz sichtbar gewordene Innerlichkeit, seine kompromißlose Wahrhaftigkeit, sein tierhaftes und kluges Leiden, seine männliche Schamhaftigkeit — man muß hier Dinge sagen, die man sonst verhält und die ja auch kaum je ausgesprochen werden müssen —, seine kurzen Augenblicke der Leichtigkeit, des schwerelosen Glücks, das dann zu blitzender Heiterkeit wird — das ist alles durchaus einzigartig. Und sehr deutsch. Wie glücklich aber ist man, das Wort deutsch wieder einmal aus Heutigem heraus mit dem vollen Gewicht der Wesentlichkeit erfüllt zu sehen. Dürrenmatt hat uns Großes gegeben — in seinen Betreuern und Darstellern wurde ihm Großes gegeben. Er müßte nicht Dürrenmatt sein, wenn er es nicht wüßte." (Elisabeth Brock-Sulzer).

Süddeutsche Zeitung vom 18. 12. 1962

„[. . .] Seltsamerweise fand das Stück als solches in Wien nur geteilte Aufnahme und mußte sich von durchaus ernstzunehmenden Seiten (wie etwa von der ‚Arbeiter-Zeitung') sogar ganz zünftige Verrisse gefallen lassen. Nun macht sich's ja Dürrenmatt im zweiten Teil wirklich ein bißchen leichter, als es dem ersten entspräche, und die Szene, in der die drei vorgeblich irren Physiker sich und einander als normal entlarven, bekundet in ihrer billigen Gleichsetzung von Ost und West ja

106

wirklich eine Haltung, auf die man hierorts empfindlicher reagiert als anderswo. Aber darum hätte man die komödiantischen und intellektuellen Qualitäten dieses unter allen Umständen hochwichtigen Zeitstücks doch einläßlicher würdigen dürfen, statt sich – wie es zu Wien das liebe Brauchtum ist – hauptsächlich an der Aufführung zu freuen. Das allerdings tat man mit gutem Grund, denn der Regisseur *Kurt Horwitz* hatte aus den Erfahrungen seiner Zürcher und seiner Münchner Inszenierung eine maximal tragfähige Basis gezimmert, auf der eine brillante Schauspielerschar das Stück zur maximalen Wirkung führte, mit Blech als Möbius wieder an der Spitze, mit Paul Hoffmann als ,Newton', Josef Meinrad als ,Einstein', Alma Seidler als Frl. Dr. von Zahnd und Annemarie Düringer als Schwester Monika. [. . .]"

Der Tagesspiegel vom 24. 2. 1963

,,Die *,Physiker'*-Aufführung der Stratforder Truppe wird Dürrenmatt endlich gerecht, nachdem sein *,Besuch einer alten Dame'* durch den Eigenwillen des Schauspieler-Ehepaars Lunt nur verfälscht vor das englische Publikum gelangte. Peter Brook, der an der Verniedlichung des Stückes durch diese glatten Brodway-Mimen nicht ganz unschuldig war, inszenierte diesmal mit freierer Hand. Vor dem Iren Cyril Cusack, der die Rolle des Möbius still, schlicht und scharf profiliert als eine Art Brechtschen Galileo spielte, von dem superben Malvolio-Darsteller Michael Hordern als Beutler und von Irene Worth als Dr. von Zahnd wie von dem übrigen Ensemble erhielt er die verständnisvollste Hilfe.

Jene skurrile Unheimlichkeit, mit der Dürrenmatt die Zeitprobleme illustriert, der ständige Wechsel von Komik und Tragik – all dies sind Elemente des größten Dramas, also Shakespeares. Zwischen Goneril und der wahnsinnigen Pseudo-Ärztin liegt nur ein gradueller, kein grundsätzlicher Unterschied an menschlicher Abgründigkeit. Irene Worth, die an anderen Abenden Lears Tochter spielt, vermag die vierhundertfünfzig Jahre zwischen den beiden Frauenfiguren mühelos zu überbrücken. Daß Dürrenmatt sein Ideendrama zuletzt überspitzt, daß die Moralität als Grand Guignol endet, blieb nicht unbemängelt. Trotzdem war London von den *,Physikern'* über alle Maßen angetan. Es ist dies – außer Frischs *,Brandstiftern'* –

das einzige deutsche Stück nach dem Kriege, das in London einen wirklichen Erfolg errang."

Neue Zürcher Zeitung vom 23. 3. 1963

„... Man wird von einem Autor, der ein Stück des Titels „Die Physiker" schreibt, erwarten dürfen, daß er sich, wenn er schon selber in dieser Wissenschaft nicht zu Hause ist, wenigstens so weit über sie informiert, daß er ihr auf der Bühne einigermaßen überzeugende Vertreter geben kann. Dürrenmatt dagegen läßt seine Unkenntnis der Dinge, von denen er zu sprechen vorgibt, deutlich erkennen und legt seinen Gestalten Aussprüche in den Mund, die nur zu oft ans Banale grenzen.

Zum Beispiel: Der Physiker Möbius, die Hauptgestalt des Stückes, hat eine Dissertation über die Grundlagen einer neuen Physik geschrieben; ein anderer — Kilton, der sich für Newton zu halten vorgibt, hat sie gelesen. Dabei „fiel es ihm wie Schuppen von den Augen", und er gewann die Überzeugung, daß Möbius schlicht der größte Physiker aller Zeiten sei. Was hat dieser „größte Physiker aller Zeiten" (ich würde mir nicht zutrauen, Newton, oder Faraday, Maxwell oder Einstein ein solches Attribut zuzulegen, aber in der Komödie ist man weniger zimperlich), was hat Möbius geleistet? Er hat „das Problem der Gravitation gelöst", er hat die „einheitliche Feldtheorie", die gleichzeitig die „einheitliche Theorie der Elementarteilchen" und die „Weltformel" darstellt, gefunden und zu guter Letzt das „System aller möglichen Erfindungen" aufgestellt, um die Auswirkungen „seiner Feldtheorie und seiner Gravitationslehre" zu studieren.

Der Theaterbesucher, der nichts von Physik versteht, könnte meinen, es müsse sich dabei etwas denken lassen — während Dürrenmatt natürlich nur um der äußeren Wirkung willen einige Ausdrücke zusammengetragen hat, von denen er gehört haben mag, daß sie in der Physik eine Rolle spielen. Wer einheitliche Feldtheorie und Gravitationslehre nebeneinander erwähnt, zeigt deutlich, daß er den Sinn dieser Worte nicht verstanden hat, denn es ist ja gerade das Wesen der erstgenannten Theorie, die andere zu umfassen.

108

Die Vermengung von Feldtheorie und Theorie der Elementarteilchen, wie auch der Ausdruck „Weltformel" entstammen vermutlich der unglücklichen Publizität, die man vor einigen Jahren gewissen Untersuchungen Heisenbergs angedeihen ließ, und was Dürrenmatt unter dem für sein Stück so wichtigen „System aller möglichen Erfindungen" versteht, verschweigt er uns leider. (Sollte Zwickys Morphologie dahinter stecken?)

Warum hat sich Möbius in ein Irrenhaus geflüchtet? Die Auswirkungen seiner Gedanken, sagt er, führten zu einem verheerenden Resultat. „Neue, unvorstellbare Energien" würden freigesetzt und eine Technik ermöglicht, die jeder Phantasie spotte. Die Veröffentlichung seiner Arbeiten habe „den Umsturz der physikalischen Wissenschaft und das Zusammenbrechen des wirtschaftlichen Gefüges" zur Folge gehabt. Um hierfür nicht die Verantwortung tragen zu müssen, habe er den Verrückten gespielt und sich einsperren lassen. Nun, abgesehen davon, daß der „größte Physiker aller Zeiten", noch dazu gegenüber Fachkollegen, sicherlich nicht mit derartiger Naivität von „unvorstellbaren Energien" und vom „Umsturz der Wissenschaft" sprechen würde, zeigt schon die Wahl des Themas „Energie", daß Dürrenmatt nur eben die Atombomben-Konjunktur mitmacht und in den Fehler verfällt, die Erscheinung der Kernenergie, welche das Gespräch über die Verantwortung der Forschung auslöste, als das Wesen der Sache zu betrachten. Wie ich oben zu zeigen versuchte, steht er damit nicht allein; auch er aber hat sich keineswegs bemüht, tiefer in die so überaus wichtigen Fragen einzudringen.

Möbius fabelt weiter, daß wir an die Grenzen des Erkennbaren gestoßen seien. „Wir wissen einige genau erfaßbare Gesetze, einige Grundbeziehungen zwischen unbegreiflichen Erscheinungen, das ist alles; der gewaltige Rest bleibt Geheimnis, dem Verstand unzugänglich. Wir haben das Ende unseres Weges erreicht" usw usw. So etwas glaubt Dürrenmatt einem Physiker in den Mund legen zu dürfen, der doch der ganzen Situation nach wissen müßte, daß das Zwanzigste Jahrhundert einen nie gekannten Fortschritt in allen Wissenschaften, nicht zuletzt in der Physik, erlebt hat und daß sich diese Disziplin gerade jetzt in vollster Entwicklung befindet. Welcher Physiker würde heute vom „unzugänglichen Geheimnis" der Natur sprechen, während man täglich miterlebt, wie alle Grenzen, die wir unserem Erkenntniswillen setzen zu müssen glaubten, immer wieder gesprengt werden. Gerade die unausschöpfbare Fülle des Erforschlichen ist es ja, welche die eigentlichen Gefahren in sich birgt.

Die Darstellung der andern beiden Physiker — des schon erwähnten Kilton und seines Gegenspielers Eisler, auch „Einstein" genannt — bewegt sich auf der selben Stufe. Kilton wird als der „Begründer der Entsprechungslehre" vorgestellt, was nicht einmal mehr physikalisch tönt, und nur die Charakterisierung Eislers als Entdecker des „Eisler-Effektes" darf man gelungen finden. Aber auch ihn läßt der Autor — Möbius hat gerade von seinen Forschungen berichtet — sagen: „Zum Lachen. Da versuchen Horden gut besoldeter Physiker in riesigen staatlichen Laboratorien seit Jahren vergeblich in der Physik weiterzukommen, und Sie erledigen das en passant im Irrenhaus am Schreibtisch." Niemand kann Dürrenmatt zwingen, über den Zusammenhang von Laboratorium und Schreibtisch, das heißt von experimenteller und theoretischer Forschung, nachzudenken und sich darüber in seinem Stück etwas weniger oberflächlich zu äußern. Man möchte aber fragen, ob er etwa auch Musiker auf die Bühne stellen und entsprechende Banalitäten sagen lassen würde — ob er da nicht damit rechnen müßte, daß ihm ein weit größerer Teil des Publikums auf die Finger sähe?

Gewiß kommen in Dürrenmatts Komödie Motive vor, die einen Wissenschaftler ansprechen. So sagt einmal Kilton zu Möbius, den er auf seine Seite ziehen will: „Sie sind ein Genie und als solches Allgemeingut. Sie drangen in neue Gebiete der Physik vor. Aber Sie haben die Wissenschaft nicht gepachtet. Sie haben die Pflicht, die Türe auch uns aufzuschließen, den Nicht-Genialen". Das ist ein wertvoller und anregender Gedanke. Aber handkehrum kommt wieder ein Bonmot daher, dessen Leichtfertigkeit wir beim besten Willen nicht goutieren können. Kilton fährt nämlich fort: „Kommen Sie mit mir, in einem Jahr stecken wir Sie in einen Frack, transportieren Sie nach Stockholm, und Sie erhalten den Nobelpreis". Ohne daß man die Verleihung des Nobelpreises als heilige Handlung ansehen müßte, wird man die Vorstellung vom bedeutenden Gelehrten, der in einen

Frack gesteckt und nach Stockholm transportiert wird, doch reichlich geschmacklos und vor allen Dingen unzutreffend finden. Ist die Pointe wichtiger als die Aussage?

Vergessen wir aber auch eine Stelle des Stückes nicht, mit der Dürrenmatt zeigt, wieviel mehr er zu der Problematik, die er aufgreift, tatsächlich aussagen könnte. Kilton, oder Newton, will uns (im Gespräch mit dem Inspektor) begreiflich machen, wie gefährlich es sei, die Einheit der Wissenschaft zu zerstören, in dem man ihren Ergebnissen den geistigen Nährboden entzieht, sie unabhängig von der Erkenntnis macht oder, wie er sich ausdrückt, sie ausnützt wie ein Zuhälter seine Dirne und sie jedem Esel überantwortet. Diesen Gedanken stellt Dürrenmatt sehr schön am Beispiel des Lichtschalters dar, den jeder drehen kann, ohne das geringste von Elektrizität zu verstehen. Darin sieht er einen ersten Schritt auf dem Wege, an dessen Ende die verständnislose und verderbliche Anwendung der Kernenergie steht. Ein solcher Augenblick läßt den Ansatz zu einem Denken erkennen, das über das nur Geistreiche und Bühnenwirksame hinausführen könnte." (Peter Wilker)

Neue Zürcher Zeitung vom 16. 3. 1973

„Vor ausverkauftem Hause spielte das Schweizer Tournee-Theater ‚Die Physiker' von Dürrenmatt, welche hier vor elf Jahren ihre glanzvolle Uraufführung erlebt haben; das Werk ist seither über alle Bühnen der Welt gegangen.

Der Autor hat das Stück selbst inszeniert, hat es auf seine Spielbarkeit hin noch einmal getestet. Die damalige Aktualität: Dürrenmatts Menetekel an die Adresse der Wissenschaftler, mag heute verblaßt sein. Aber jenes aussichtslose Unterfangen, die menschheitsgefährdende Entwicklung der Physik hinanzuhalten, die Ohnmacht des einzelnen Vernünftigen vor der Realität, das alles ist und bleibt verstörend: ‚Jeder Versuch eines einzelnen, für sich zu lösen, was alle angeht, muß scheitern.' [. . .]"

Stuttgarter Zeitung vom 23. 4. 1975

„[. . .] So kräftig und ausdauernd wie diesmal ist schon lange keine Premiere am Charlottenplatz mehr beklatscht worden.

Woraus man ersieht: Dürrenmatts effektbewußte Theatralik überwältigt wie am ersten Tag (‚Die Physiker' wurden 1962 in Zürich uraufgeführt). Die trügerische Exposition des ersten und das hurtige Entwirrspiel des zweiten Akts gehorchen mustergültig den Gesetzen der Situationskomödie, und Dürrenmatt ficht es wenig an, wenn er auf dem Weg zur schlimmstmöglichen Wendung seiner Geschichte humanitäre und gesellschaftspolitische Erkenntnisse wie lästigen Ballast abwerfen muß. Der Gewissenskonflikt des Physikers, der die Ergebnisse seiner Forschungen nicht mehr verantworten zu können glaubt, erscheint höchstens als Anlaß, niemals aber als Ursache von Dürrenmatts wohlproportioniertem Mitteilungsdrang. Die spannende, hakenschlagende Komödie ist die Ausrede eines Dramatikers, dem sein gewichtiges, unlösbares Thema Angst vor einer seriöseren Behandlung eingeflößt haben muß.

Ein exzellent ersonnenes und dennoch nutzloses Stück, Wirkung statt Argumentation. [. . .]"

112

7. Die Werke im Unterricht

Einleitend haben wir darauf hingewiesen, daß die Ausführungen in diesem Schlußkapitel sich auf Vorschläge zur unterrichtlichen Behandlung von Dürrenmatts Kriminalroman beschränken sollen, wobei besonders sogenannte „operative Verfahren" im Umgang mit Texten berücksichtigt würden. Es sei trotzdem gestattet, einige Bemerkungen zum Bühnenstück im Unterricht vorauszuschicken.

„Die Physiker" werden kaum vor dem 10. Schuljahr gelesen werden können, eher später. Jede Unterrichtsreihe, in deren Mittelpunkt Dürrenmatts Bühnenstück steht, wird die folgenden Aspekte zu bedenken haben:

— Inhalt, Aufbau, Personenkonstellation;

— entstehungs-, rezeptions- und wirkungsgeschichtliche Fakten (s. Unterrichtsreihe über „Die Weber" von G. Hauptmann in den „Vorläufigen Richtlinien Deutsch in der Sekundarstufe I" [Gymnasium NRW], S. 146);

— Theorie der Komödie, besonders die F. Dürrenmatts im Vergleich mit weiteren Komödientheorien (s. U. Staehle, Theorie des Dramas. Reclam Band Nr. 9503/03a);

— Ausblicke auf problemverwandte Dramen der Gegenwart, so auf Brechts „Galilei" (s. „Analysen und Reflexionen" Band 26) oder auf Kipphardts „In der Sache J. R. Oppenheimer" (s. „Königs Erläuterungen und Materialien" Band Nr. 160/161);

— Gesellschaftsbezug (s. G. P. Knapp, Gedanken und Grundlagen zum Verständnis des Dramas. Diesterweg Band Nr. 6079).*

Insgesamt sind ca. 12 Stunden zeitlicher Rahmen für eine verhältnismäßig gründliche Durchdringung der Themenbereiche; nicht eingeschlossen ist die häusliche Vorbereitungszeit mit Materialsichtung, Lektüre, Erarbeitung von Thesenpapieren, Kurzreferaten etc.

---

* Weitere Literatur zum Umgang mit dramatischen Texten im Unterricht und zum Kriminalroman findet sich im Literaturverzeichnis.

Dürrenmatts „Kriminalroman" hingegen kann ab Klasse 8 (gute Klassen!), besser ab Klasse 9 in allen Schulformen gelesen werden. Zielgruppe für unsere Vorschläge ist eine Klasse 9, die handwerklich sauber Texte analysieren kann und Bereitschaft zu schöpferisch-kreativer Arbeit im Deutschunterricht erkennen läßt.

„Kriminalromane" oder „Detektivgeschichten" werden auf allen Altersstufen gelesen. Immerhin zählen von den 13 bis 17jährigen 31 % zu ihren Lesern (s. A. C. Baumgärtner, „Krimi" in: Praxis Deutsch 44/80, S. 7). Dieses Leseinteresse hat sich der Literaturunterricht (LU) seit langem für motivierende Stoffauswahl zunutze gemacht. Es fehlt weder an geeigneten Titeln noch an unterrichtsbezogenen Erläuterungen. Doch zeigen sich einmal mehr die Schwierigkeiten in der schülergerechten Vermittlung.

Der erwähnte Band „Praxis Deutsch" hält zum Kriminalroman Unterrichtsreihen für die SI und die SII bereit, die sich erfreulich weit von allzu enger konventioneller „literarischer Erziehung" entfernen, ohne darum die Zielgedanken des LU (Befähigung der Schüler zu differenzierender Textbeobachtung und Textbefragung) etwa zu vernachlässigen. Diese und eine Vielzahl anderer Modelle beweisen, daß es erfolgreich anwendbare Verfahren im LU gibt, ein im allgemeinen vorhandenes Leseinteresse beim Schüler weiterzuentwickeln, um allen am LU Beteiligten die gräßliche Verschulung des Lesens zu ersparen, durch die viele unserer Schüler nicht nur keine „literarische Mündigkeit" erkennen lassen, sondern sich auch noch (eben aufgrund jener jahrelang erfahrenen didaktisch-methodischen Gängelung) quer zum LU stellen.

In unseren Vorschlägen wollen wir zum „kreativen Weiterlesen" anregen. Wir verzichten daher darauf, Lernziele anzugeben, die ein kleinschrittiges Vorgehen im Unterricht geradezu „programmieren" würden und die im Schüler freizulegenden schöpferischen Kräfte abzubinden drohen. Zunächst aber sollen die „operativen Verfahren" aufgelistet und in ihrem didaktisch-geschichtlichen Umfeld knapp umrissen werden:

114

Operative Verfahrensweisen im Literaturunterricht*

Haas stellt in seinem Aufsatz Möglichkeiten vor, individuell und gruppenweise auf einen gelesenen Text zu reagieren:

1. Reaktion durch Sprechen über den Text

— Meinungen, Wertungen, Kritik äußern
— Fragen stellen und beantworten

2. Reaktion durch Schreiben über den gelesenen Text

— Textverkürzungen: Klapptext, Verlagsprospekt, Inhaltsangaben
— Textverarbeitungen: Dialogisierungen, Hörspielentwürfe, Parodien, Ersetzung von Textteilen
— Texterweiterungen: Zusammenfassungen über das Dargestellte hinaus
— Textdeutungen: Buchkritik für die Schülerzeitung, Romanbeitrag, Vorwort zum Text, Fragen (Brief) an den Verfasser

Speziallexikon für ein Buch: Verteidigungsrede/Anklagerede in bezug auf eine bestimmte Person der Handlung

Verspottung (als Glosse/Rede) derer, a) die einen Text dieser Art lesen, b) die diesen Text *nicht* lesen (und denen dabei Wichtiges entgeht)

3. Reaktion durch künstlerische Gestaltung von Textinhalten

— Umschlagentwürfe, evtl. Gegenentwürfe zum vorliegenden Umschlag; Bilder/Bildreihen zu ausgewählten Textteilen, Werbeplakate
— Text-Bild-Collage
— Entwürfe für Masken, Kostüme, Bühnenbilder als Vorlage für eine handwerkliche Ausführung

---

* Zusammengestellt und erprobt (Schwerpunkt: „Optische Textanalyse") von Frau E. Ohlert im FS Deutsch am Gesamtseminar Köln/Ausbildungsgruppe Siegburg.

- Symbole entwerfen und anordnen als Abbild von Personenkonstellationen (z. B. Brüderlichkeit, Freiheit, Lebensmut, Solidarität usw.)
- Comic-Variationen geeigneter Handlungsabschnitte

4. *Reaktion durch Aussuchen, Komponieren und Produzieren musikalischer Elemente, welche die Textaussage verdeutlichen bzw. steigern können*

- Sprechgesang, Chorsprechen, Einzelrezitation
- Improvisationen zum Gehalt bestimmter Textteile auf Schülerinstrumenten
- Musikalisch-rhythmische Geräuschkulisse zur Begleitung des Vortrages geeigneter Textstellen

5. *Reaktion durch Übertragung geeigneter Textstellen in Ausdrucksform des Gruppentanzes*

6. *Reaktion durch Anfertigung von mathematisch-geographischen Abstraktionen des Textes oder von Textteilen*

- Statistik zur Wort-Satz-Relation
- Maßstabgetreue Skizzen zum Ort der Handlung
- Spannungsverlauf, Konfliktentwicklungen etc. durch Kurven im Koordinatensystem darstellen

7. *Reaktion durch dramatisch/mimische Darstellungen geeigneter Textabschnitte*

- Schauspielerische Ausführung von Dialogentwürfen
- Rollenspiele/Improvisationen zu Inhalten, auf die man verschieden reagieren kann
- Begleitung eines Lesevortrages durch pantomimische Darbietungen

8. *Reaktion durch Informationsberichte an die Klasse zum Thema eines Buches oder Textes*

116

- Referate über andere Texte mit verwandtem Inhalt
- Vereinfachte Wiedergabe von Lexikonartikeln, Fachbuchauszügen etc.

9. *Reaktion durch handwerkliches Umsetzen von textbezogenen Entwürfen*

- Herstellung von Requisiten, Bühnenbildern, Masken
- Umsetzung von Kostümideen

Die hier aufgeführten Reaktionsformen lassen sich variieren und ergänzen. Der Lehrer sollte für seinen Unterricht eine altersgerechte und schüleradäquate Auswahl treffen.

Die optische Textanalyse läßt sich den Reaktionsformen 1/2/6 zuordnen.

Im Jahre 1970 definierte H. Maiworm „operative Verfahren" als diejenigen, welche „eine Reduktion des begriffsanalytischen Anteils zugunsten einer konkret-synthetischen Operation" zeigen. (H. Maiworm, Zum Problem der Dominanz verbaler Leistungen im Abschlußverfahren aus der Sicht des Faches Deutsch. In: Schulversuche und Schulreform, S. 22)

Diese Kennzeichnung umfaßt alle produktiven Verfahren des Literaturunterrichts, damit eigentlich alles, was es in der Methodik des Deutschunterrichts an medientransformatorischen Aufgabenstellungen schon immer gegeben hat vom Umsetzen eines Prosatextes in ein „Stück" bis zum szenischen Ausgestalten und Spielen, vom Ausmalen einer Situation in Wort und Bild bis zur Textmontage und Collage.

Freilich – unsere Zeit sieht mit G. Kleinschmidt („Operative Verfahren im Leseunterricht der Grundschule" – 1969), J. Bauer („Elementarisierung poetischer Strukturen" – 1970), Hussong u. a. („Optische Textanalyse" – 1971), Sanner und Pielow („Kreativität und Deutschunterricht" – 1973), neuerdings mit Haas („Auf Texte reagieren" – 1977) und Wintgens („Kreativität durch operative Methoden" – 1979) ein primär *zweckfreies* Umgehen mit sprachlichem Material. Dahinter verbirgt sich allerdings die Absicht, im Schüler ästhetische Wahrnehmungskräfte zu sensibilisieren oder zu erweitern – ihn damit fähig zu machen, komplexe Strukturen und dominante Merkmale von Texten zu erfassen.

117

Einsicht durch anschauliches Tun zu erzielen, mehr Freude am Lesen zu vermitteln durch das Initiieren von nach- und eigenschöpferischen Prozessen, ist sicherlich ein schulform- und stufenübergreifendes Anliegen unseres Deutschunterrichts.

Kein einziges der vorstehenden Verfahren erspart dem Schüler das Lesen des Textes; es erhöht ein jedes aber seine Auseinandersetzungsbereitschaft mit dem jeweiligen Text in der unterrichtlichen (Nach-)Arbeit.

In Klassen, die noch nie „offener" gearbeitet haben, ist anzuraten, das Problem der schulischen Lesemüdigkeit anzusprechen, die ganz im Gegensatz zu einem aktiveren Leseverhalten in der Freizeit steht. Der Schüler wird seine Unlust mit den ihm angebotenen Lesestoffen und ihrer Behandlungsstereotypie im Unterricht begründen. Der Unterrichtende wird beweglich genug sein, Stoffvorschläge entgegenzunehmen (vorbehaltlos!) und Bearbeitungsformen als Alternativen zum Gewohnten zu erörtern. Hier wird der Schüler alsbald in Verlegenheit geraten. Nunmehr unterbreitet der Unterrichtende der Lerngruppe die Palette möglicher anderer („operativer") Verfahren und läßt entscheiden, experimentieren.

Nicht anders am Beispiel des Dürrenmatt-Romans. Die Kenntnis des Textes vorausgesetzt, wird sich (nach Vorbereitung in häuslicher Lektüre) folgende Verlaufsstruktur der Unterrichtsreihe ergeben:

1. Aussagen zum Inhalt; Personeneinschätzung;

2. Diskusssion von Parallelen und Abweichungen im Vergleich mit anderen, namentlich trivialen Kriminalromen;

3. Anlesen einzelner Passagen (S. 5, 15–17, 25–28, 32–35, 43 bis 44, 51–55, 63–72, 84–87, 91–95, 101–105, 110–117) – Erläuterung ihrer Bedeutung für den Aufbau des Spannungsbogens; Versuch einer *Veranschaulichung* (grafische Skizze);

4. Erproben des Wertes grafisch-optischer Analyseverfahren am Text (Personenkonstellation);

5. Rekonstruktion und grafische Erläuterung vom Schluß des Romans ausgehend;
„Was weiß der Autor, und wie steuert er die Verschleierung?"

118

,,Was weiß Bärlach, und wie rekonstruiert er den Tathergang (Indizien)?''
,,Was weiß der Leser, und wie wird er zur Lösung geführt?''
Diese Aufgaben verlangen eine geradezu ,,strategische'' Umsicht, Einfallsreichtum und Ausführungsakribie.

6. Erproben weiterer Verfahren aus den vorgestellten; Anwenden auf einen anderen Kriminalroman.

In einer wenig ,,kreativen'' Lerngruppe beginne man mit einem leichten Text (Kriminalroman trivialen Zuschnitts mit simplen Handlungsstrukturen) und erprobe sodann erst die Möglichkeiten an Dürrenmatts ,,Der Richter und sein Henker''.

In einer sehr beweglichen Klasse, die sich durch Einfallsreichtum und Experimentierfreudigkeit auszeichnet, wird der Unterrichtende die Fülle der Möglichkeiten in ihrer Anwendbarkeit kurz andeuten müssen, um die Schüler dann ,,frei'' entscheiden zu lassen. Erfahrungsgemäß erproben sie gern die unter 3 skizzierten Möglichkeiten, sodann die unter 4 (musikalisch-rhythmische Geräuschkulisse zur Begleitung des Vortrags geeigneter Textstellen) und 6 (maßstabgetreue Skizzen zum Ort der Handlung – Spannungsverlauf durch Kurven im Koordinatensystem) genannten Reaktionen.

Natürlich hüte man sich, einzelne Verfahren überzustrapazieren. Breit gestreute Texte reizen zu neuen Versuchen und verbreitern die Anwendungsbasis.

Dürrenmatts Kriminalroman allerdings erweist sich stets wieder als eine das ,,Experimentieren'' vielfältig anregende Textgrundlage.

8. Literaturauswahl

A. *Neben Dürrenmatts eigenen Werken wurden folgende verwendet:*

1. Arnold, Armin: Friedrich Dürrenmatt, Berlin 1969

2. Bänzinger, Hans: Friedrich Dürrenmatt, München 1960

3. Jenny, Urs: Dürrenmatt, Velber bei Hannover 1973

4. Jungk, Robert: Heller als tausend Sonnen, Hamburg 1964

5. Keller, Oskar: Friedrich Dürrenmatt, Die Physiker, München 1974

6. Müller, Gottfried: Dramaturgie des Theaters, des Hörspiels und des Films, Würzburg 1962

7. ders.: Theorie der Komik, Würzburg 1964

8. Neumann, Gerhard: Dürrenmatt, Frisch, Weiß, München 1969

sowie verschiedene in- und ausländische Tages- sowie Wochenzeitungen.

B. *Bücher und Zeitschriftenartikel über Friedrich Dürrenmatt und sein Werk (Auswahl)*

1. Diller, Edward: Despair and Paradox: Friedrich Dürrenmatt, in: Drama Survey, 1966, Seite 131–136
ders.: Human Dignity in a Materialistic Society. Friedrich Dürrenmatt and Bertolt Brecht, in: Modern Language Quaterly, 1964, Seite 451–460
ders.: Friedrich Dürrenmatts chaos and clavinism, in: Monatshefte, 1971, Seite 28–40

2. Hemberger, Armin: Dürrenmatt über Dichtung, in: Deutschunterricht, 1969, Seite 79–85

3. Profitlich, Ulrich: Der Zufall in den Komödien und Detektivromanen Friedrich Dürrenmatts, in: Zeitschrift für deutsche Philologie, 1971, Seite 258 bis 280
der.: Friedrich Dürrenmatt. Komödienbegriff und Komödienstruktur, Stuttgart 1975

4. Buddecke, Wolfram: Friedrich Dürrenmatts experimentelle Dramatik, in: Universitas, 1973, Seite 641–652

5. Stadtfeld, Frieder: Friedrich Dürrenmatts Historiogramm, in: Literatur in Wissenschaft und Unterricht, 1972, Seite 286–295

6. Freund, Winfried: Modernes Welttheater: Eine Studie zu Friedrich Dürrenmatts Komödie „Der Meteor", in: Literatur und Wissenschaft und Unterricht, 1973, Seite 110–121

7. Kühne, Erich: Satire und groteske Dramatik. Über weltanschauliche und künstlerische Probleme bei Dürrenmatt. In: Weimarer Beiträge, 1966, Seite 539–565

8. Sander, Volkmar: Form und Groteske, in: Germanisch-Romanische Monatsschrift, NF, 1964, Seite 303–311

9. Madler, Herbert: Dürrenmatts Konzeption des mutigen Menschen, in: Schweizer Rundschau, 1970, Seite 314–325

10. Steiner, Jacob: Die Komödie Dürrenmatts, in: Deutschunterricht, 1963, Seite 81–98

11. Waldmann, Günter: Dürrenmatts paradoxes Theater. Die Komödie des christlichen Glaubens, in: Wirkendes Wort, 1964, Seite 22–35

12. Gillis, William: Dürrenmatt and the Detectives, in: German Quaterly, 1962, Seite 71–74

13. Huder, Walther: Friedrich Dürrenmatt oder die Wiedergeburt der Blasphemie, in: Welt und Wort, 1968, Seite 316 bis 319

14. Züfle, Manfred: Friedrich Dürrenmatt, in: Schweizer Rundschau, 1967, Seite 29–39

15. Krättli, Anton: Nackter Hamlet und Welttheater, in: Schweizer Monatshefte, 1971, Seite 87–90
ders.: Dürftiger Dürrenmatt. Uraufführung der Komödie „Der Mitmacher" in Zürich, in: Schweizer Monatshefte, 1973, Seite 14–17

16. Hammer, John: Friedrich Dürrenmatt and the tragedy of Bertolt Brecht, in: Modern drama, 1969, Seite 204–209

17. Heuer, Fritz: Das Groteske als poetische Kategorie, in: Deutsche Vierteljahresschrift für Literaturwissenschaft und Geistesgeschichte, 1973, Seite 730–768

18. Kieser, Rolf: Der Verlust des Himmels im Weltbild des Dichters: Friedrich Dürrenmatt und die Mondlandung, in: Literatur in Wissenschaft und Unterricht, 1971, Seite 115–123

19. Müller, Joachim: Verantwortung des Dramas für unsere Zeit. Bertolt Brecht und Friedrich Dürrenmatt, in: Universitas, 1965, Seite 1247–1258

20. Arnold, Armin: Friedrich Dürrenmatt und Mark Twain: zur Methode der vergleichenden Interpretation, in: Actes du 4. Congrès de l'Association Internationale de Littérature Comparée, Fribourg, 1964, Seite 1097-1104

21. Heilmann, Robert B.: Dürrenmatts tragic comedy, in: Modern drama, 1967/68, Seite 11–16

22. Briner, Andres: Zu Gottfried von Einems Dürrenmatt-Oper ,,Der Besuch der alten Dame", in: Views and reviews of modern German literature. Festschrift for Adolf D. Klarmann, München 1974, Seite 251–256

23. Pestalozzi, Karl: Friedrich Dürrenmatt, in: Deutsche Literatur im 20. Jahrhundert, Bern-München 1967

24. Daviau, Donald: The role of ,,Zufall" in the writings of Friedrich Dürrenmatt, in: German Review, 1972, Seite 281 bis 293

25. ders.: Friedrich Dürrenmatts ,,Der Besuch der alten Dame". A parable of Western Society in transition, in: Modern Language Quaterly, 1974, Seite 302–316

26. Ellestadt, Everett: Friedrich Dürrenmatts ,,Mausefalle", in: German Quaterly, 1970, Seite 770–779

27. Guth, Hans: Dürrenmatts ,,Visit", The Play behind the Play, in: Symposium, 1962, Seite 94–102

28. Hortenbach, Jenny C.: Biblical Echoes in Dürrenmatt's ,,Der Besuch der alten Dame", in: Monatshefte, 1965, Seite 145–161

29. Koester, Rudolf: Everyman and Mammon. The Persistance of a Theme in modern German Drama, in: Revue des langues vivantes, 1969, Seite 368–380

30. Lefcourt, Charles R.: Dürrenmatts ,,Güllen" and Twains ,,Hardleyburg": the corruption of two towns, in: Revue des langues vivantes, 1967, Seite 303–308

31. Pfefferkorn, Eli: Dürrenmatts mass play, in: Modern drama, 1969, Seite 30–37

32. Speidel, E.: „Aristotelian" and „non-aristotelian" elements in Dürrenmatts „Der Besuch der alten Dame", in: German life and letters, 1974, Seite 14–24

33. Groseclose, D. Sidney: The murder of Gnadenbrot Suppe: language and levels of reality in Friedrich Dürrenmatts „Der Blinde", in: German life and letters, 1974, Seite 64–71

34. Grimm, Reinold: Nach zwanzig Jahren. Friedrich Dürrenmatt und seine „Ehe des Herrn Mississippi", in: Basis 1974, Seite 214–237

35. Deschner, Margareta N.: Dürrenmatts „Wiedertäufer": What the dramatist has learned, in: German Quaterly, 1971, Seite 227–234

36. Usmiani, Renate: Masterpieces in disquise: the radioplays of Friedrich Dürrenmatt, in: Seminar, 1971, Seite 42–57
dies.: Friedrich Dürrenmatt as Wolfgang Schwitter. An autobiographical interpretation of „The Meteor", in: Modern drama, 1968, Seite 143–150

37. Pfeiffer, John R.: Windows, detectives and justice in Dürrenmatts detective stories, in: Revue des langues vivantes, 1967, Seite 451–460

38. Herdieckerhoff, Reinhard: Der Meteor – ein Versuch der Deutung, in: Gestalt, Gedanke, Geheimnis. Festschrift für Johannes Pfeiffer zu seinem 65. Geburtstag, Berlin 1967, Seite 152– 162

39. Schumacher, Ernst: Der Dichter und sein Henker. Zur Premiere des „Meteor" von Friedrich Dürrenmatt in Zürich, in: Sinn und Form, Sonderheft 1966, Seite 769–779

40. Mayer, Hans: „Die Panne" von Friedrich Dürrenmatt, in: H. M.: Zur deutschen Literatur der Zeit, Hamburg, 1961, Seite 214– 223
ders.: Dürrenmatt und Frisch, in: Opuscula Bd. 4, Pfullingen 1963

41. Kohlschmidt, Werner: Selbstrechenschaft und Schuldbewußtsein im Menschenbild der Gegenwartsdichtung, in: Das Menschenbild in der Dichtung, München 1965, Seite 174–193

42. Weimar, Karl S.: The scientist and society, in: Modern Language Quaterly, 1966, Seite 431–448

43. Ross, Werner: Zimmerschlachten, in: Merkur, 1969, Seite 959–971

44. Reich-Ranicki, Marcel: Friedrich Dürrenmatt „Theaterschriften und Reden", in: M. R. R.: Literatur der kleinen Schritte, München 1967, Seite 240–246

45. Baschung, Urs.: Zu Friedrich Dürrenmatts „Der Tunnel", in: Schweizer Rundschau, 1969, Seite 480–490

46. Wirsching, Johannes: Friedrich Dürrenmatt: „Der Tunnel". Eine theologische Analyse, in: Deutschunterricht, 1973, Seite 103–117

47. Zimmermann, Werner: Friedrich Dürrenmatt „Der Tunnel", in: Deutsche Prosadichtung unseres Jahrhunderts, Düsseldorf, 1969, Seite 60–66

48 Dokumente zu Friedrich Dürrenmatt „Die Physiker", Stuttgart 1972

49. Benn, Gottfried: Der unbequeme Dürrenmatt, in: Theater unserer Zeit, Bd. 4, Basel 1962

50. Schneider, Peter: Die Fragwürdigkeit des Rechts im Werk von Friedrich Dürrenmatt, in: Schriftenreihe der Juristischen Gesellschaft, Heft 81, Karlsruhe 1967

51. Allemann, Beda: Es steht geschrieben, in: Das deutsche Drama, Bd. 2, Düsseldorf 1961

52. Brock-Sulzer, Elisabeth: Friedrich Dürrenmatt, Zürich 1964 dies.: Dürrenmatt in unserer Zeit, Basel 1968

53. Knapp, Gerhard P. (Hrsg.): Friedrich Dürrenmatt, Studien zu seinem Werk, Heidelberg 1976

54. Fringeli, Dieter: Nachdenken mit und über Friedrich Dürrenmatt, Breitenbach/Schweiz 1977

55. Durzak, Manfred: Dürrenmatt, Frisch, Weiss. Deutsches Drama der Gegenwart zwischen Kritik und Utopie. Stuttgart 1972

56. Knapp, Gerhard: Friedrich Dürrenmatt. Die Physiker. Grundlagen und Gedanken zum Verständnis des Dramas. Frankfurt,[2] 1980

57. Knopf, Jan: Friedrich Dürrenmatt. Autorenbücher. München,[3] 1980

124

58. Motekat, Helmut: Das zeitgenössische deutsche Drama. Einführung und kritische Analyse. Stuttgart 1977

59. Spycher, Peter: Friedrich Dürrenmatt. Das erzählerische Werk. Frauenfeld und Stuttgart 1972

60. Text und Kritik: Friedrich Dürrenmatt II (Band 56). München 1977

---

* Auf die Gesamtausgabe der Werke Dürrenmatts im Diogenes-Verlag wurde einleitend hingewiesen. Aus demselben Verlag beachte der Leser den Band *über* Dürrenmatt, der zur Zeit des Nachtrags dem Verfasser noch nicht verfügbar war.

Zum Drama und Kriminalroman im Unterricht:

Göbel, K. (Hg.): Das Drama in der Sekundarstufe I. Königstein/Ts. 1977

Hein, J.: Dramatische Formen im Unterricht, in: Sowinski (Hg.), Fachdidaktik Deutsch. Köln-Wien 1975

Lucas, L.: Textsorte: Drama. Analysen – Lernziele – Methoden. Bochum 1977

Nobis, H.: Einführung in die strukturale Dramenanalyse. Limburg 1977

Schemme, W.: Dramatische Dichtung im 8.–10. Schuljahr, in: Walz (Hg.), Literaturunterricht in der Sekundarstufe I. Stuttgart 1970

Stocker, K.: Die dramatischen Formen in didaktischer Sicht. Donauwörth 1972

*

Dahrendorf, M.: Kriminalgeschichten für Kinder und Jugendliche, in: Doderer (Hg.), Lexikon der Kinder- und Jugendliteratur. Band II. Weinheim und Basel 1977. S. 259 bis 264

Finckh, E. (Hg.): Theorie des Kriminalromans. Arbeitstexte für den Unterricht. Stuttgart 1974 (Reclams „blaue Reihe" Nr. 9512)

Hasubek, P.: Die Detektivgeschichte für junge Leser. Bad Heilbrunn 1974

Hippe, R.: Kriminalliteratur. Dichtung in Theorie und Praxis, Band 453. Hollfeld 1981

Lange, G.: Der Kriminalroman im Unterricht. In: Wolfrum (Hg.), Taschenbuch des Deutschunterrichts. 3. völlig neubearbeitete und erweiterte Auflage. Baldmannsweiler 1980

Marsch, E.: Die Kriminalerzählung. Theorie, Geschichte, Analyse. München 1972

Neis, E.: Das Drama. Dichtung in Theorie und Praxis, Band 452. Hollfeld 1980

Nusser, P.: Kriminalromane zur Überwindung von Literaturbarrieren, in: Der Deutschunterricht, 27. Jg. (1975), Heft 1, S. 52–70

Praxis Deutsch: Krimi. Heft 44 (1980). Seelze

Vogt, J. (Hg.): Der Kriminalroman. Zur Theorie und Geschichte einer Gattung. 2 Bde. München 1971

*

Haas G./Burann J.: Mit Texten umgehen – auf Texte reagieren. Ein Erfahrungsbericht, in: Westermanns Pädagogische Beiträge; 29 (1977), H. 11

Pielow, W./Sanner, R. (Hg.): Kreativität und Deutschunterricht. Stuttgart 1973

Schulversuche und Schulreform: Berichte – Analysen – Ergebnisse. 10. Klasse in der Hauptschule I. Unterricht und Abschlußverfahren. Hannover-Dortmund-Darmstadt-Berlin 1975

Schütt, A./Stuflesser, B.: Textanalyse optisch. Düsseldorf 1971

Walz, U. (Hg.): Literaturunterricht in der Sekundarstufe. Stuttgart 1970

Wintgens, H. H.: Kreativität im Literaturunterricht durch operative Methoden, in: Neue Unterrichts-Praxis, 12/79, S. 229 bis 233

Analysen und Reflexionen

Eine Interpretationsreihe, die von Autoren betreut wird, welche auf dem Gebiet der neuesten didaktischen Erkenntnisse Bescheid wissen.
Jeder Band mit ausführlicher Materialsammlung, Einzelinterpretationen und Vorschläge zur Unterrichtsgestaltung.

Weitere Bände folgen!